NOUMENON

DATTATREYA

AVADHUTA GITA

GESANG DER FREIHEIT

ÜBERSETZUNG UND BEARBEITUNG
DANIEL HERBST

Diese Übersetzung von Daniel Herbst nimmt Bezug auf die englische Übersetzung von Swami Ashokananda, Sri Ramakrishna Math, sowie auf die Übersetzungen von Sanjay Inamdar, Manjit Achhra, Sri Jaya Chamarajendra Wadiyar und Banmali Chaturvedi.

Avadhuta Gita

NOUMENON-VERLAG
Daniel Herbst, Hamburg
Umschlaggestaltung: Asta*art*
Titelfoto: Daniel Herbst
Tiruvannamalai, Arunachaleswara Tempel
Druck: Finidr, Tschechien

1. Auflage 2016
ISBN 978-3-941973-27-5

dir

Dem infiniten Regress,
der als dieser nicht
zu sich kommen kann.

Gott und Welt sind eins

Das, was nicht an sich hängen bleibt,
kann keinen Widerspruch hervorrufen.

Dualität (Zweiheit) und Nondualität (Nicht-Zweiheit – Das Eine ohne ein Zweites) bilden den letzten gedanklichen Widerspruch und damit den Urdualismus (Rückführung des Seins auf zwei Grundprinzipien), der sich erst im wirklichen Erkennen, also in einem Verstehen, das weit über jedes gedankliche „Begreifen" hinausgeht, als Wirklichkeit-an-sich offenbaren kann.

Diese Wirklichkeit kann nicht mehr beschrieben werden, weil jede Beschreibung voraussetzt, dass sich etwas gegen etwas anderes abgrenzen lässt. Doch das, was Wirklichkeit *ist,* ist nirgendwo nicht gegenwärtig. In diesem Überall ist genug „Platz" für alle Vorstellungen – selbst für ein Diesseits und ein Jenseits, für Schöpfer und Schöpfung, Wahrheit und Lüge, Leben und Tod und alles andere, was sich denken lässt und damit beruhigend oder beunruhigend auf uns auswirken kann.

Solange sich uns finale Wirklichkeiten darstellen, glauben wir auch, ein eigenes Leben zu haben. Dabei ist das, was Wirklichkeit *ist,* zu offensichtlich, um dem Verstand einzuleuchten – ist er es doch, der alles, was sich denken lässt, in Form von Gegensätzen in den Raum stellt.

Wirklichkeit kann sich also nicht „hier“ oder „dort“ befinden, bzw. „nicht hier“ oder „nicht dort“. Vielmehr ist sie als ein einziges Ganzsein, das jedes Hier und jedes Dort, jedes Für und jedes Wider, jede Besonderheit und jeden scheinbaren Widerspruch in sich – nein nicht vereint, sondern aufhebt.
Die Urillusion besteht in der Annahme, dass wir einen Teil der Wirklichkeit als nichtgewünscht ablehnen und so aus unserem Leben verbannen können. Dabei ist das Leben selbst die Urdynamik und das Spannungsfeld, das der Verstand zu manipulieren versucht, um es in die von ihm gewünschte Richtung zu lenken.
Da, wo sich der Verstand für die eigentliche Richtschnur des Lebens hält, wird er wahnhaft und fängt an, seine Fantasien und Entwürfe mit der Wirklichkeit zu verwechseln. Dabei ist vollkommen offensichtlich dass etwas, was selbst unablässig Wirklichkeiten entwirft, zwar zu unserer Wirklichkeit werden aber nicht die einzige Wirklichkeit, also Wirklichkeit-an-sich sein kann. Wenn wir auf der Ebene von Gedanken unterwegs sind bzw. uns von ihnen absorbieren lassen, erleben wir augenblicklich, welche Auswirkung die Beschreibung der Welt auf uns hat: Sobald sich im Verstand Gedanken bewegen, entsteht aus dem Nichts eine widersprüchliche Realität: Die Gedankenwelt als Wirklichkeit unseres Alltagsbewusstseins – Dualität: Hier tun sich Himmel und Hölle auf. Hier wird Gott von sich selbst getrennt und in Aspekte zerlegt, denen Attribute zugeordnet werden. Damit wird ein Selbsterkennen unmöglich.

Das Leiden an der Dualität führt früher oder später zu einem Konzept, das die Zweiheit kurzerhand zur Nicht-Zweiheit erklärt und dazu führen soll, dass aus dem erregten Verstandes- und Mentalkörper (Mind) ein harmonisch befriedeter No-mind hervorgeht.

Gerade Sucher, die dem Konzept der Nondualität anhängen, glorifizieren den Nomind, den sie mit „Mouna", dem großen Schweigen bzw. der Sprache Gottes gleichsetzen. So soll sich der innere Unfrieden in die Bedingungslosigkeit des wahren Friedens hinein entspannen. Allerdings hat dieses spirituelle Ideal nicht mehr mit der Wirklichkeit zu tun, als jede andere spirituelle Fantasie. Denn eine Welt, die erscheint, erscheint immer auch auf der Ebene von Gedanken! Das, was ausgeschlossen wird, kann allein deshalb nicht zur Wirklichkeit führen, weil alles, was zu etwas führen soll, von Gedanken abhängig ist.

Das, was Wirklichkeit *ist*, kann sich auf keine Seite schlagen, weil es in „der" Wirklichkeit keine Seiten und damit keine Dualität gibt. Und das, was sich transformiert, wird sich bis in alle Ewigkeit weiter transformieren.

Die Idee, dass es einen idealen (wieder paradiesischen) Endzustand gibt, in dem sich Harmonie durchgesetzt und vollkommen verwirklicht hat, weist einzig darauf hin, dass hier das, was Verstand *ist*, noch nicht vollkommen durchdrungen worden ist.

Konstruktion und Dekonstruktion sind „Teil" der Wirklichkeit, bilden dabei aber nur scheinbar eine Dualität, der dann eben auch eine Nondualität gegen-

überstehen *muss*. Auf diese Weise lässt sich nicht entdecken was Wirklichkeit ist, weil sich Wirklichkeit nur als Traum oder als traumloser Urgrund und damit gar nicht darstellen lässt. Einzig das, was Dualität und Nondualität in sich fasst, ohne dadurch zu einer – bzw. in eine – Zweiheit aus Wirklichkeit und Unwirklichkeit zu zerfallen, kann mit sich selbst als Wirklichkeit identisch sein. Und in dieser Wirklichkeit taucht das, was wir als Dualität erleben, zwangsläufig auf!
Die „einfache" Einsicht, dass Wirklichkeit als alles erscheint, ohne sich dabei von sich selbst zu trennen, lässt jede übersteigerte Form der Wirklichkeitssuche in sich zusammenbrechen.
Wie schon gesagt: Wer die vom Verstand hervorgerufene Dualität ablehnt, hat nicht erkannt, dass Ablehnung überhaupt nur auf der Ebene des Verstandes möglich ist. Hier wird der Versuch unternommen, den Verstand durch den Verstand zu negieren. Das ist aber nur dann möglich, wenn der Verstand einsieht, wozu er da ist und wozu nicht. Dualität, also das, was der Verstand als Gedankenwelt entwirft, ist nicht weniger wirklich als das, was Nondualität ist. Damit können Dualität und Nondualität als reine Funktionen des Seins betrachtet werden.
Wir haben gar keine andere Möglichkeit, als uns ein Bild von einem Leben zu machen, in dem etwas zu sich kommt, was ich als mich erlebe! Ohne diesen Eindruck würden sich uns lediglich unzusammenhängende Empfindungen und ein unzusammenhängendes Weltgeschehen zeigen. Damit wären wir als die,

die wir zu sein glauben, von vornherein obsolet.

Ein wahrhaft freier Mensch ist nicht etwa ein Weltverneinender oder ein Glaubender sondern jemand, der sich von den in ihm aufsteigenden Gedanken nicht mehr gefangen nehmen lässt, obwohl ihm natürlich auch weiterhin eine Welt und ein Weltgeschehen erscheint. Ein solcher Mensch verlangt nicht länger nach einem Antidot (für oder gegen sich selbst). Er schlägt nicht länger auf die Fata Morgana ein und muss die Welt nicht mehr der Unwirklichkeit bezichtigen. Das trifft auch auf ihn als „äußeren Menschen" zu: Ich bin mir erschienen, um zu erkennen, dass mich die Erscheinung nicht an etwas binden kann, was ich essentiell nicht bin und nicht sein kann.

Mit anderen Worten: Der Geist erscheint (sich) immer nur in Form seiner Inhalte. Ihm kann nicht vorgeworfen werden, dass er Illusionen entwirft. Letzten Endes hat das, was Geist ist, ausschließlich mit sich selbst zu tun. Diese Verwirklichung kann zur Auflösung des Privatuniversums führen, in dem wir als Ich mit „eigenem" Selbst zu leben glauben.

Das, was ich glaube, denke oder empfinde, tritt augenblicklich als dieser Glaube, dieses Denken und dieses Empfinden in den Raum und wird damit zu meiner Wirklichkeit. Damit betrügt der an-sich-selbst-Glaubende immer nur sich selbst. Und genau das ist, was Maya – die große Täuschung bedeutet: Wirklichkeitsbildung, die an der Wirklichkeit vorbeigeht – Illusion. Das heißt allerdings nicht, dass sich Illusionen auf Kosten der Wirklichkeit spielen, sondern lediglich,

dass Illusionen nicht im Widerspruch zur Wirklichkeit stehen, da sie sich nur selbst widersprechen. Deshalb kann das Wohl auch nicht in der Weltverneinung, im Jenseits oder in der Transzendenz gefunden werden.
Das, was dem Samen vorausgeht ist nicht wirklicher als der Same und der Same ist nicht wirklicher als der Baum. Wenn zwischen das Noumenale und das Phänomenale kein gedanklicher Keil mehr getrieben wird, zeigt sich, dass die Wirklichkeit nur als Phänomenalität in Erscheinung treten kann, da sie als „sie selbst", als die nicht auffindbare Mitte, nicht hervortreten kann. Das ist absolut offensichtlich!
Diese Widerspruchslosigkeit entzieht sich demjenigen, der nur die Welt der Erscheinungen in Betracht zieht wie auch demjenigen, der die Welt der Erscheinungen des Scheins bezichtigt und sich ins Transzendentale flüchtet. Ganz einfach gesagt ließe sich die finale Wahrheit folgendermaßen zusammenfassen: Es gibt kein Entkommen vor dem, was ich zu sein *glaube*. Was es auch sei! Das wirkliche Erkennen dieser Tatsache befreit mich von jedem angenommenen Glauben und damit von mir selbst als jemandem, der sich nach wie vor in Bildern sucht!

Daniel Herbst

Anmerkung: Das seiner Bedeutung nach sehr umfassende englische Wort „Mind" hat in der deutschen Sprache kein Äquivalent. Es wird in diesem Buch der Einfachheit halber mit „Verstand" übersetzt, wobei „Mind" eher den gesamten „Verstandes- und Mentalkörper" umfasst.

Kapitel 1

ईश्वरानुग्रहादेव पुंसामद्वैतवासना ।
महद्भयपरित्राणाद्विप्राणामुपजायते ।। १।।

Durch göttliche Gnade allein
erhebt sich in reifen Menschen
die Sehnsucht nach Nondualität,
um sie vor großer Furcht* zu bewahren.
[1.1.]

* Das Wort „Furcht“ umfasst auch solche Zustände des Mentalkörpers wie Unsicherheit, Verzweiflung und Schmerz. Solche steigen in einem Selbstempfinden auf, das sich als begrenzt und von anderen getrennt wahrnimmt.

येनेदं पूरितं सर्वमात्मनैवाअत्मनात्मनि ।
निराकारं कथं वन्दे ह्यभिन्नं शिवमव्ययम् ।। २।।

Wie* kann ich dem glückverheißenden,
unveränderlichen, nicht teilbaren Sein,
das selbst gestaltlos ist,
und alle(s) mit sich selbst*[1] erfüllt,
Ehre erweisen?
[1.2.]

* Wo es kein unterscheidendes Bewusstsein gibt,
kann es nicht zur Ehrerbietung kommen.
*[1] Die Wirklichkeit und Substanz des „individuellen Selbst“,
ist das Göttliche Selbst.

पञ्चभूतात्मकं विश्वं मरीचिजलसन्निभम् ।
कस्याप्यहो नमस्कुर्यामहमेको निरञ्जनः ।। ३।।

Das Universum,
das aus den fünf Elementen* besteht,
ist wie das Wasser einer Fata Morgana.
Vor wem sollte ich mich verbeugen?
Ich bin Eins und frei von Makeln.
[1.3.]

* Erde, Wasser, Feuer, Luft und Äther

आत्मैव केवलं सर्वं भेदाभेदो न विद्यते ।
अस्ति नास्ति कथं ब्रूयां विस्मयः प्रतिभाति मे ।। ४।।

Alles ist nichts als Absolutes Selbst.
Es gibt weder Unterschiede noch Ähnlichkeiten.
Wie kann ich dann sagen,
„Es* ist“ oder „Es ist nicht“?
Ich bin vom Wunder erfüllt!
[1.4.]

* „Es“ – das Universum

वेदान्तसारसर्वस्वं ज्ञानं विज्ञानमेव च ।
अहमात्मा निराकारः सर्वव्यापी स्वभावतः ।। ५।।

Die Essenz und alles, worum es bei Vedanta
geht, offenbart sich im höchsten Wissen:
Ich bin das all(es)-durchdringende, formlose Selbst.
Das ist die mir eigene Natur.
[1.5.]

यो वै सर्वात्मको देवो निष्कलो गगनोपमः ।
स्वभावनिर्मलः शुद्धः स एवायं न संशयः ।। ६।।

Es gibt keinen Zweifel:
Ich bin das Eine,
das Selbst von allen/m.
Strahlend und unteilbar wie der Himmel,
von Natur aus makellos.
[1.6.]

अहमेवाव्ययोऽनन्तः शुद्धविज्ञानविग्रहः ।
सुखं दुःखं न जानामि कथं कस्यापि वर्तते ।। ७।।

Ich allein bin unwandelbar, nicht zerstörbar und ewig,
das reine Bewusstsein selbst.
Ich kenne weder Freude noch Schmerz.
Auf wen beziehen sie sich?
[1.7.]

न मानसं कर्म शुभाशुभं मे
न कायिकं कर्म शुभाशुभं मे ।
न वाचिकं कर्म शुभाशुभं मे
ज्ञानामृतं शुद्धमतीन्द्रियोऽहम् ।। ८।।

In mir sind keine Gedanken –
weder gute noch schlechte.
Ich habe keine körperlichen Eigenschaften –
weder angenehme noch unangenehme.
In mir gibt es weder böse noch freundliche Worte.
Ich bin der Nektar reinen Wissens.
Ich halte mich jenseits der Sinne auf.
[1.8.]

मनो वै गगनाकारं मनो वै सर्वतोमुखम् ।
मनोऽतीतं मनः सर्वं न मनः परमार्थतः ।। ९।।

Der Geist ist seiner Form nach tatsächlich wie Raum.
Der Geist spiegelt sich tatsächlich in allen Gesichtern.
Der Geist ist Vergangenheit.
Er ist alles*.
Doch in Wirklichkeit gibt es keinen Geist.
[1.9.]

* Der Geist ist das phänomenale Universum, das Raum und Zeit umfasst.

अहमेकमिदं सर्वं व्योमातीतं निरन्तरम् ।
पश्यामि कथमात्मानं प्रत्यक्षं वा तिरोहितम् ।। १०।।

Ich, das Eine, bin all das,
Ich bin jenseits des Raumes, ununterbrochen*.
Wie kann ich dann glauben,
dass das Selbst wahrnehmbar ist
oder sich der Wahrnehmung entzieht*[1]?
[1.10.]

* Frei von der Einwirkung durch etwas anderes,
also homogen und unterschiedslos.
*[1] Die Frage, ob das Selbst sichtbar oder unsichtbar ist, stellt sich nicht,
wenn man selbst das Selbst ist.

त्वमेवमेकं हि कथं न बुध्यसे
समं हि सर्वेषु विमृष्टमव्ययम् ।
सदोदितोऽसि त्वमखण्डितः प्रभो
दिवा च नक्तं च कथं हि मन्यसे ।। ११।।

Wahrlich, du bist Eins!
Warum verstehst du dann nicht,
dass du das unveränderliche Eine bist,
das in allem gleichermaßen wahrgenommen wird?
Oh Göttlicher, wie kann es für dich*,
der du grenzenlos und alles durchdringend bist,
einen Unterschied zwischen Tag und Nacht*[1] geben?
[1.11.]

* Hier spricht Dattatraya den Schüler direkt an,
dem er das Höchste Wissen vermittelt.
*[1] In der vollkommenen Selbstverwirklichung
kann es keine Wahrnehmung der Zeit geben.

आत्मानं सततं विद्धि सर्वत्रैकं निरन्तरम् ।
अहं ध्याता परं ध्येयमखण्डं खण्ड्यते कथम् ।। १२।।

Wisse, dass das Selbst immer (und) überall ist,
unteilbar Eins.
Ich bin der Meditierende
und das Objekt der Meditation.
Warum teilst* du das Unteilbare?
[1.12.]

* Selbst der Akt der Meditation ist ein Ausdruck von Unwissenheit, weil er Dualität unterstellt bzw. beinhaltet.

न जातो न मृतोऽसि त्वं न ते देहः कदाचन ।
सर्वं ब्रह्मेति विख्यातं ब्रवीति बहुधा श्रुतिः ।। १३।।

Du bist nicht geboren und kannst nicht sterben.
Du hast niemals einen Körper gehabt.
„Alles ist Brahman." –
Die Schriften legen diese Wahrheit
auf vielerlei Weise dar.
[1.13.]

स बाह्याभ्यन्तरोऽसि त्वं शिवः सर्वत्र सर्वदा ।
इतस्ततः कथं भ्रान्तः प्रधावसि पिशाचवत् ।। १४।।

Du bist DAS, was Innen und Außen ist.
Du bist das verheißungsvolle Eine,
das überall und zu allen Zeiten ist.
Warum irrst du dann umher, wie ein verwirrter Geist?
[1.14.]

संयोगश्च वियोगश्च वर्तते न च ते न मे ।
न त्वं नाहं जगन्नेदं सर्वमात्मैव केवलम् ।। १५।।

Vereinigung und Trennung existieren nicht,
sofern es dich und mich betrifft.
Ich, du und das Universum
haben kein eigenes Sein.
Wahrlich – alles ist nichts als das Selbst.
[1.15.]

शब्दादिपञ्चकस्यास्य नैवासि त्वं न ते पुनः ।
त्वमेव परमं तत्त्वमतः किं परितप्यसे ।। १६।।

Du gehörst nicht der Welt an,
die durch die fünf Sinne hervorgerufen wird,
und sie gehört nicht zu dir.
In Wirklichkeit bist du die höchste Wirklichkeit.
Warum leidest du dann?
[1.16.]

जन्म मृत्युर्न ते चित्तं बन्धमोक्षौ शुभाशुभौ ।
कथं रोदिषि रे वत्स नामरूपं न ते न मे ।। १७।।

Für dich gibt es weder Geburt noch Tod
und auch keinen Verstand.
Für dich gibt es weder Sklaverei noch Befreiung,
nichts Gutes und nichts Schlechtes.
Warum vergießt du dann Tränen, mein Kind?
Namen und Formen gehören weder zu dir noch zu mir.
[1.17.]

अहो चित्त कथं भ्रान्तः प्रधावसि पिशाचवत् ।
अभिन्नं पश्य चात्मानं रागत्यागात्सुखी भव ।। १८।।

Verstand –
warum irrst du wie ein benebelter Geist umher?
Erblicke das unteilbare Selbst.
Sage dich von den Vorlieben los
und sei glücklich.
[1.18.]

त्वमेव तत्त्वं हि विकारवर्जितं
निष्कम्पमेकं हि विमोक्षविग्रहम् ।
न ते च रागो ह्यथवा विरागः
कथं हि सन्तप्यसि कामकामतः ।। १९।।

Wahrlich – Du bist die Wahrheit:
Unveränderlich, unbewegt, eins,
deiner Natur nach Freiheit.
Du bist weder zugeneigt noch abgeneigt.
Warum begehrst du dann und leidest darunter?
[1.19.]

वदन्ति श्रुतयः सर्वाः निर्गुणं शुद्धमव्ययम् ।
अशरीरं समं तत्त्वं तन्मां विद्धि न संशयः ।। २०।।

Die Schriften machen deutlich,
dass die Wahrheit eigenschaftslos,
rein, unwandelbar und körperlos ist.
Sie ist gleichermaßen überall.
Wisse, dass ich DAS bin.
Daran kann es nicht den leisesten Zweifel geben.
[1.20.]

साकारमनृतं विद्धि निराकारं निरन्तरम् ।
एतत्तत्त्वोपदेशेन न पुनर्भवसम्भवः ।। २१।।

Erkenne das als unwirklich, was Gestalt hat,
und das Formlose als ewig.
Wer die Wahrheit empfängt,
befindet sich jenseits von Geburt und Tod.
[1.21.]

कमेव समं तत्त्वं वदन्ति हि विपश्चितः ।
रागत्यागात्पुनश्चित्तमेकानेकं न विद्यते ।। २२।।

Die Weisen sagen,
dass die Wirklichkeit einzig ist,
eine unveränderliche Einheit.
Durch den Verzicht auf Anhaftung
erlischt der Verstand, der einer und viele* ist.
[1.22.]

*Als „einer“ in einem hohen, aber nicht im höchsten Zustand der Verwirklichung, als „viele“ im Zustand der Unwissenheit.

अनात्मरूपं च कथं समाधि-
रात्मस्वरूपं च कथं समाधिः ।
अस्तीति नास्तीति कथं समाधि-
र्मोक्षस्वरूपं यदि सर्वमेकम् ।। २३।।

Wie kann das, was seiner Natur nach „Nicht-Selbst" ist,
Samadhi* sein?
Wie kann das, was seiner Natur nach „Selbst" ist,
Samadhi sein?
Wie kann das, was seiner Natur nach Anwesenheit
oder Abwesenheit ist, Samadhi sein?
Wenn alles Eins und seiner Natur nach Freiheit ist,
wie kann es dann Samadhi geben?
[1.23.]

* Dattatreya sagt, dass der Versuch, Samadhi (die Beruhigung und Auslöschung des Verstandes, zu der es durch die Verwirklichung der ewigen Wahrheit kommt) zu erlangen, keine Grundlage in der Wirklichkeit hat.

विशुद्धोऽसि समं तत्त्वं विदेहस्त्वमजोऽव्ययः ।
जानामीह न जानामीत्यात्मानं मन्यसे कथम् ।। २४।।

Du bist reine, gleichförmige Wirklichkeit,
nicht verkörpert, ungeboren und unwandelbar.
Wie kannst du dann glauben:
„Ich kenne* das Selbst" oder „Ich kenne es nicht*"?
[1.24.]

*Unsere Kenntnis von uns selbst im irdischen Zustand ist fehlerhaft. Zu behaupten, dass wir keine wahre Kenntnis von uns selbst haben, ist ebenso falsch.

तत्त्वमस्यादिवाक्येन स्वात्मा हि प्रतिपादितः ।
नेति नेति श्रुतिर्ब्रूयादनृतं पाञ्चभौतिकम् ।। २५।।

Mit Aussagen wie „Du bist Das“,
bekräftigen die Schriften dein eigenes Selbst.
Mit der Aussage: „Neti-Neti“ – „weder dies noch das“,
weist die Shruti* auf die Unwirklichkeit von allem hin,
was aus den fünf Elementen hervorgeht.

[1.25.]

*Shruti: Die Veden, im Besonderen die Upanishaden,
der Urtext der Vedanta Philosophie.

आत्मन्येवात्मना सर्वं त्वया पूर्णं निरन्तरम् ।
ध्याता ध्यानं न ते चित्तं निर्लज्जं ध्यायते कथम् ।। २६।।

Da das Selbst vom Selbst erfüllt ist,
ist alles von dir selbst erfüllt.
Es gibt keinen Meditierenden und keine Meditation.
Wie kann dein Verstand dann so schamlos* sein
und meditieren (wollen)?

[1.26.]

* Das Verlangen zu meditieren setzt voraus, dass man sein wahres Selbst
vergessen hat.

शिवं न जानामि कथं वदामि
शिवं न जानामि कथं भजामि ।
अहं शिवश्चेत्परमार्थतत्त्वं
समस्वरूपं गगनोपमं च ।। २७।।

Ich kenne* das Absolute nicht.
Wie kann ich es da verehren?
Wenn das, was ich bin,
die Absolute Wirklichkeit ist,
die alles erfüllende Essenz,
die homogen ist, wie der Raum selbst,
wie kann ich dann vom Höchsten sprechen
und es verehren?
[1.27.]

*Empirisches Wissen gehört einem niedrigeren Zustand an, in dem das Höchste nicht empfangen werden kann. Daher kann man nicht davon sprechen, das Höchste zu „kennen".

नाहं तत्त्वं समं तत्त्वं कल्पनाहेतुवर्जितम् ।
ग्राह्यग्राहकनिर्मुक्तं स्वसंवेद्यं कथं भवेत् ।। २८।।

Das persönliche Ich entspricht nicht der Wirklichkeit.
Wirklichkeit – die alles erfüllende, homogene Essenz,
ist frei von Überlagerungen.
Wirklichkeit unterscheidet nicht zwischen einem
Wahrnehmenden und etwas Wahrgenommenem.
Wie sollte der Ich-Gedanke dann DAS sein,
was sich seiner selbst gewahr ist?
[1.28.]

अनन्तरूपं न हि वस्तु किंचि-
तत्त्वस्वरूपं न हि वस्तु किंचित् ।
आत्मैकरूपं परमार्थतत्त्वं
न हिंसको वापि न चाप्यहिंसा ।। २९।।

Die Wirklichkeit verwirklicht sich in vielen Formen,
und doch ist sie keine Wesenheit.
Verwirklichung entspricht der Natur des Selbst,
und doch ist sie keine Entität.
Frei von aller Beeinträchtigung
und Nicht-Beeinträchtigung,
ist das Selbst in der Tat die Höchste Wahrheit.
[1.29.]

विशुद्धोऽसि समं तत्त्वं विदेहमजमव्ययम् ।
विभ्रमं कथमात्मार्थे विभ्रान्तोऽहं कथं पुनः ।। ३०।।

Du bist die alles umfassende,
einheitliche Wirklichkeit;
rein, körperlos, ungeboren und unvergänglich.
Warum machst du dir dann Illusionen über das Selbst?
Warum bin ich selbst verblendet?
[1.30.]

घटे भिन्ने घटाकाशं सुलीनं भेदवर्जितम् ।
शिवेन मनसा शुद्धो न भेदः प्रतिभाति मे ।। ३१।।

Wenn der Krug zerbricht,
geht der darin befindliche Raum
im unendlichen Raum auf
und ist von ihm nicht mehr zu unterscheiden.
Wenn ich zwischen dem Verstand und dem Höchsten
keinen Unterschied mehr wahrnehme,
dann ist der Verstand reiner Geist.
[1.31.]

न घटो न घटाकाशो न जीवो न जीवविग्रहः ।
केवलं ब्रह्म संविद्धि वेद्यवेदकवर्जितम् ।। ३२।।

Es gibt weder einen Krug,
noch den im Krug befindlichen Raum.
Es gibt weder eine individuelle Seele,
noch die Verkörperung einer individuellen Seele.
Wisse um das Absolute Prinzip (Brahman),
das bar vom Wissenden und vom Wissbaren ist.
[1.32.]

सर्वत्र सर्वदा सर्वमात्मानं सततं ध्रुवम् ।
सर्वं शून्यमशून्यं च तन्मां विद्धि न संशयः ।। ३३।।

Wisse, dass ich das Selbst bin,
das zu allen Zeiten alles ist – überall.
Ewiglich und ohne Unterbrechung
bin ich das existierende und
nicht-existierende* All(es).
Daran gibt es keinen Zweifel.
[1.33.]

*der phänomenale Aspekt des Seins, der jetzt verschwunden ist.

वेदा न लोका न सुरा न यज्ञा
वर्णाश्रमो नैव कुलं न जातिः ।
न धूममार्गो न च दीप्तिमार्गो
ब्रह्मैकरूपं परमार्थतत्त्वम् ।। ३४।।

Es gibt keine Schriften,
keine Welten, keine Götter oder Opfergaben.
Es gibt ganz bestimmt keine Kasten,
keine Lebensstellung, keine Familie und keine Geburt.
Es gibt weder den hellen noch den dunklen Pfad.
Die höchste Wahrheit allein
offenbart sich als das All-eine – Brahman.
[1.34.]

व्याप्यव्यापकनिर्मुक्तः त्वमेकः सफलं यदि ।
प्रत्यक्षं चापरोक्षं च ह्यात्मानं मन्यसे कथम् ।। ३५।।

Wenn du sowohl vom Durchdringenden
als auch vom Durchdrungenen frei bist,
wenn du Eins bist und erfüllt,
wie kannst du dann glauben,
durch die Sinne wahrnehmbar zu sein,
oder dich jenseits von ihnen zu befinden?
[1.35.]

अद्वैतं केचिदिच्छन्ति द्वैतमिच्छन्ति चापरे ।
समं तत्त्वं न विन्दन्ति द्वैताद्वैतविवर्जितम् ।। ३६।।

Manche suchen Dualität, andere Einheit.
Beide wissen nichts von der Wahrheit,
die zu allen Zeiten und überall gleich ist.
Die Wahrheit wird weder von der Dualität
noch von der Nondualität berührt.
[1.36.]

श्वेतादिवर्णरहितं शब्दादिगुणवर्जितम् ।
कथयन्ति कथं तत्त्वं मनोवाचामगोचरम् ।। ३७।।

Wie kann die Wahrheit beschrieben werden,
die über Verstand und Worte hinausgeht?
Die Wahrheit hat weder Farbe noch Klang,
noch sonstige Eigenschaften.
[1.37.]

यदाऽनृतमिदं सर्वं देहादिगगनोपमम् ।
तदा हि ब्रह्म संवेत्ति न ते द्वैतपरम्परा ।। ३८।।

Wenn dir das alles falsch erscheint,
wenn dir der Körper und Dinge wie dieser
dem Raum gleich erscheinen,
nur dann kennst du Brahman wirklich.
Dann gibt es für dich keine zweifache Folge* mehr.
[1.38.]

*wie „Ich und Er“ (Selbst und Gott), „Ich und es“ (Selbst und Welt).

परेण सहजात्मापि ह्यभिन्नः प्रतिभाति मे ।
व्योमाकारं तथैवैकं ध्याता ध्यानं कथं भवेत् ।। ३९।।

Sogar mein angeborenes Selbst
unterscheidet sich für mich nicht vom Höchsten Selbst.
Es erscheint einheitlich, wie der Raum.
Wie kann es dann einen Meditierenden geben
und Meditation?
[1.39.]

यत्करोमि यदश्नामि यज्जुहोमि ददामि यत् ।
एतत्सर्वं न मे किंचिद्विशुद्धोऽहमजोऽव्ययः ।। ४०।।

Nichts von dem, was ich tue, esse, opfere und gebe
gehört mir. Es ist nicht meins.
Ich bin makellos,
ungeboren und unvergänglich.
[1.40.]

सर्वं जगद्विद्धि निराकृतीदं
सर्वं जगद्विद्धि विकारहीनम् ।
सर्वं जगद्विद्धि विशुद्धदेहं
सर्वं जगद्विद्धि शिवैकरूपम् ।। ४१।।

(Er)Kenne das Universum als formlos.
(Er)Kenne das Universum als unveränderlich.
Wisse, dass das gesamte Universum
ein lauterer Körper ist.
Wisse, dass das gesamte Universum
der Natur des Absoluten entspricht.
[1.41.]

तत्त्वं त्वं न हि सन्देहः किं जानाम्यथवा पुनः ।
असंवेद्यं स्वसंवेद्यमात्मानं मन्यसे कथम् ।। ४२।।

Zweifellos – du bist Wirklichkeit.
Gibt es etwas, das verstanden werden muss?
Das, was nicht zu verstehen ist,
und das, was sich sich selbst offenbart,
ist das Selbst.
Wie willst du das verstehen?
[1.42.]

मायाऽमाया कथं तात छायाऽछाया न विद्यते ।
तत्वमेकमिदं सर्वं व्योमाकारं निरञ्जनम् ।। ४३।।

Mein Kind,
wie kann es Täuschung geben
und Nichttäuschung,
Schatten und Schattenlosigkeit?
Alles ist eine unteilbare Wahrheit.
Alles ist seiner Beschaffenheit nach wie der Raum,
makellos.
[1.43.]

आदिमध्यान्तमुक्तोऽहं न बद्धोऽहं कदाचन ।
स्वभावनिर्मलः शुद्ध इति मे निश्चिता मतिः ।। ४४।।

Ich bin frei!
Am Anfang, mitten im Geschehen und am Ende.
Ich bin niemals gebunden.
Ich bin mir absolut sicher,
dass ich natürlicherweise unauffindbar
makellos und rein bin.
[1.44.]

महदादि जगत्सर्वं न किंचित्प्रतिभाति मे ।
ब्रह्मैव केवलं सर्वं कथं वर्णाश्रमस्थितिः ।। ४५।।

Das gesamte Universum, dessen Ursprung das Prinzip
kosmischer Intelligenz ist,
ist für mich auf keine Weise manifest.
Nichts ist, wie es zu sein scheint.
Tatsächlich ist alles allein Brahman.
Wie kann es für mich dann Lebensstadien oder soziale
Zugehörigkeiten geben?
[1.45.]

जानामि सर्वथा सर्वमहमेको निरन्तरम् ।
निरालम्बमशून्यं च शून्यं व्योमादिपञ्चकम् ।। ४६।।

Ich weiß, dass alles das eine unteilbare „Ich" ist –
ohne Ausnahme.
Es ist selbsterhaltend und erfüllt,
während die fünf Elemente,
angefangen beim Äther,
inhaltslos sind.
[1.46.]

न षण्ढो न पुमान्न स्त्री न बोधो नैव कल्पना ।
सानन्दो वा निरानन्दमात्मानं मन्यसे कथम् ।। ४७।।

Das Selbst ist weder Mann oder Frau,
noch ist es androgyn.
Es ist weder Intellekt noch Vorstellung.
Wie kannst du dann glauben,
dass das Selbst glückselig oder freudlos ist?
[1.47.]

षडङ्गयोगान्न तु नैव शुद्धं
मनोविनाशान्न तु नैव शुद्धम् ।
गुरूपदेशान्न तु नैव शुद्धं
स्वयं च तत्त्वं स्वयमेव बुद्धम् ।। ४८।।

Natürlich bedarf das Selbst nicht der Reinigung
durch die Praxis des sechsgliedrigen Yogas.
Das Selbst wird nicht erst durch die Zerstörung
des Verstandes makellos,
oder durch die Unterweisungen des Lehrers.
Das Selbst ist die Wahrheit selbst.
Es ist das selbst-leuchtende Eine.
[1.48.]

न हि पञ्चात्मको देहो विदेहो वर्तते न हि ।
आत्मैव केवलं सर्वं तुरीयं च त्रयं कथम् ।। ४९।।

Es gibt weder einen grobstofflichen Körper,
noch einen nicht verkörperten feinstofflichen Körper.
Wahrlich – alles ist das Selbst allein.
Wie kann es dann die drei Zustände* geben
und einen Vierten*[1]?

[1.49.]

* Die drei Zustände (des Bewusstseins): Wachzustand, Traumzustand, Tiefschlaf.

*[1] Der vierte Zustand (des Bewusstseins): Turiya. Es ist der Zustand, der den Hintergrund der drei anderen Zustände bildet und sie transzendiert. Turiya ist wie tief-tief Schlaf und damit ein Hinweis auf das, was dem Absoluten am nächsten kommt.

न बद्धो नैव मुक्तोऽहं न चाहं ब्रह्मणः पृथक् ।
न कर्ता न च भोक्ताहं व्याप्यव्यापकवर्जितः ।। ५०।।

Ich bin nicht gebunden und auch nicht befreit*.
Weder tue ich, noch genieße ich.
In mir gibt es keine Unterscheidung
zwischen dem Durchdringenden
und dem Durchdrungenen.
Ich bin von Brahman nicht zu unterscheiden.

[1.50.]

*Das Selbst kann nicht befreit werden, da es niemals gebunden war.

यथा जलं जले न्यस्तं सलिलं भेदवर्जितम् ।
प्रकृतिं पुरुषं तद्वदभिन्नं प्रतिभाति मे ।। ५१।।

So, wie sich Wasser, das in Wasser gegossen wird, nicht unterscheidet, zeigen sich mir Purusha* und Prakriti*ohne Unterschied.

[1.51.]

*Purusha (Seele, Geist) – Prakriti (Natur, Materie): Urseele und Urmaterie als Mann und Frau werden allgemein als Ursprung der Dualität betrachtet. Hier werden sie dem höchsten spirituellen Sinn nach gleichgesetzt.

यदि नाम न मुक्तोऽसि न बद्धोऽसि कदाचन ।
साकारं च निराकारमात्मानं मन्यसे कथम् ।। ५२।।

Wenn du wirklich weder gebunden noch befreit bist, wie kannst du dich dir dann als formbehaftet* oder formlos vorstellen?

[1.52.]

* Natürlich ist das Selbst ohne Form. Aber um das sagen zu können, müssen Formen gesehen werden. Deshalb ist selbst die Vorstellung zurückzuweisen, dass das Selbst formlos ist.

जानामि ते परं रूपं प्रत्यक्षं गगनोपमम् ।
यथा परं हि रूपं यन्मरीचिजलसन्निभम् ।। ५३।।

Ich erkenne deine höchste Form unmittelbar,
da sie sich dem Himmel gleich überallhin erstreckt.
Alle anderen Erscheinungen sind illusionär.
Sie gleichen dem Wasser in einer Fata Morgana.

[1.53.]

न गुरुर्नोपदेशश्च न चोपाधिर्न मे क्रिया ।
विदेहं गगनं विद्धि विशुद्धोऽहं स्वभावतः ।। ५४।।

Für mich gibt es keinen Lehrer,
keine Bedingungen und keine Pflichten.
Wisse, dass ich körperlos und ohne Makel bin –
dem Himmel gleich.
[1.54.]

विशुद्धोऽस्य शरीरोऽसि न ते चित्तं परात्परम् ।
अहं चात्मा परं तत्त्वमिति वक्तुं न लज्जसे ।। ५५।।

Du bist unverfälscht und ohne Körper.
Du bist nicht der Verstand.
Du gehst über das Höchste hinaus.
Du musst dich nicht schämen, zu sagen:
„Ich bin das Selbst, die höchste Wirklichkeit."
[1.55.]

कथं रोदिषि रे चित्त ह्यात्मैवात्मात्मना भव ।
पिब वत्स कलातीतमद्वैतं परमामृतम् ।। ५६।।

Warum weinst du?
Wirst du, der du das Selbst bist,
erst mit Hilfe des Selbst zum Selbst?
Trink den unvergleichlichen Nektar der Nondualität.
Dieser Nektar führt über alle Unterscheidungen hinaus.
[1.56.]

नैव बोधो न चाबोधो न बोधाबोध एव च ।
यस्येदृशः सदा बोधः स बोधो नान्यथा भवेत् ।। ५७।।

Es gibt weder Unwissenheit noch Wissen,
noch Wissen, das sich mit Unwissenheit mischt.
Wer sich immer in diesem Wissen* befindet,
ist ohne jeden Zweifel selbst das Wissen.
[1.57.]

*Vom Absoluten heißt es, dass es Existenz-an-sich, Wissen und Glückseligkeit ist.

ज्ञानं न तर्को न समाधियोगो
न देशकालौ न गुरूपदेशः ।
स्वभावसंवित्तरहं च तत्त्व-
माकाशकल्पं सहजं ध्रुवं च ।। ५८।।

Für Wissen, Begründungen, Zeit und Raum
gibt es keinerlei Notwendigkeit.
Belehrungen durch einen Lehrer sind ohne Bedeutung.
Samadhi* zu erlangen, ist unwesentlich.
Ich bin natürlicherweise vollkommenes Bewusstsein –
die letztendliche Wirklichkeit.
Ich bin dem Himmel gleich,
unbeeinflusst und beständig.
[1.58.]

* Erneut weist Dattatreya darauf hin, dass es nicht notwendig ist, Samadhi zu erlangen, weil das Selbst ist, was Bewusstsein ist und sich deshalb nicht verlieren kann.

न जातोऽहं मृतो वापि न मे कर्म शुभाशुभम् ।
विशुद्धं निर्गुणं ब्रह्म बन्धो मुक्तिः कथं मम ।। ५९।।

Ich bin nicht geboren und kenne keinen Tod.
Ich handele nicht –
weder auf gute noch auf schlechte Weise.
Ich bin Brahman, tadellos und ohne Eigenschaften.
Wie kann es für mich so etwas wie Gefangenschaft
oder Befreiung geben?
[1.59.]

यदि सर्वगतो देवः स्थिरः पूर्णो निरन्तरः ।
अन्तरं हि न पश्यामि स बाह्याभ्यन्तरः कथम् ।। ६०।।

Wenn das Göttliche allgegenwärtig ist,
wenn es unbewegt und unerschütterlich ist,
vollkommen und nicht getrennt,
wenn kein Unterschied gesehen wird,
wie kann man dann glauben,
dass Es sich innerhalb oder außerhalb befindet?
[1.60.]

स्फुरत्येव जगत्कृत्स्नमखण्डितनिरन्तरम् ।
अहो मायामहामोहो द्वैताद्वैतविकल्पना ।। ६१।।

Das gesamte Universum erstrahlt grenzenlos,
ewiglich und ohne Unterlass.
Oh Maya, die große Täuschung –
Die Einbildung aus Dualität und Nondualität!
[1.61.]

साकारं च निराकारं नेति नेतीति सर्वदा ।
भेदाभेदविनिर्मुक्तो वर्तते केवलः शिवः ।। ६२।।

Es ist immer Neti-Neti – „nicht dies, nicht das".
Das gilt für das Formlose ebenso wie für das,
was sich in einer Form zeigt.
Nur das Absolute ist.
Es ist aller Unterschiede und Identität ledig.
[1.62.]

न ते च माता च पिता च बन्धुः
न ते च पत्नी न सुतश्च मित्रम् ।
न पक्षपाती न विपक्षपातः
कथं हि संतप्तिरियं हि चित्ते ।। ६३।।

Du hast keine Mutter, keinen Vater, keine Frau,
keinen Sohn, keinen Verwandten, keinen Freund.
Du bevorzugst nichts und lehnst nichts ab.
Warum leidet dein Verstand dann Qualen?
[1.63.]

दिवा नक्तं न ते चित्तं उदयास्तमयौ न हि ।
विदेहस्य शरीरत्वं कल्पयन्ति कथं बुधाः ।। ६४।।

Oh Verstand, für dich gibt es weder Tag noch Nacht,
kein Aufgehen oder Untergehen.
Wie kann der Weise dann vermuten,
dass das Formlose durch die Form beeinflusst wird?
[1. 64.]

नाविभक्तं विभक्तं च न हि दुःखसुखादि च ।
न हि सर्वमसर्वं च विद्धि चात्मानमव्ययम् ।। ६५।।

Das Selbst ist weder geteilt noch ungeteilt.
Es kennt weder Schmerz noch Freude.
Es ist weder etwas Bestimmtes noch ist es universell.
Erkenne das Selbst als unveränderlich.
[1.65.]

नाहं कर्ता न भोक्ता च न मे कर्म पुराऽधुना ।
न मे देहो विदेहो वा निर्ममेति ममेति किम् ॥ ६६॥

Ich bin weder der Handelnde noch der Genießende.
Ich habe nichts zu verrichten – weder jetzt,
noch in der Zukunft oder in der Vergangenheit.
Ich habe keinen Körper
und bin auch nicht körperlos.
Was könnte mir angehören oder nicht angehören?
[1.66.]

न मे रागादिको दोषो दुःखं देहादिकं न मे ।
आत्मानं विद्धि मामेकं विशालं गगनोपमम् ॥ ६७॥

Ich habe keine Leidenschaften oder ähnliche Fehler.
In mir steigt keine Sorge um den Körper auf.
Wisse, dass ich das eine Selbst bin,
grenzenlos und unermesslich wie der Himmel.
[1.67.]

सखे मनः किं बहुजल्पितेन
सखे मनः सर्वमिदं वितर्क्यम् ।
यत्सारभूतं कथितं मया ते
त्वमेव तत्त्वं गगनोपमोऽसि ।। ६८।।

Verstand, mein Freund, was soll all das eitle Gerede?
Das alles sind nichts als Vermutungen.
Ich habe dir das Wesentliche aufgezeigt:
Du bist die ultimative Wirklichkeit,
ungebunden, dem Himmel gleich.
[1.68.]

येन केनापि भावेन यत्र कुत्र मृता अपि ।
योगिनस्तत्र लीयन्ते घटाकाशमिवाम्बरे ।। ६९।।

Wo und in welchem Zustand ein Yogi stirbt,
ist unerheblich.
Er löst sich auf dieselbe Weise auf,
wie der Raum eines zerbrochenen Krugs
im Raum-an-sich.
[1.69.]

तीर्थे चान्त्यजगेहे वा नष्टस्मृतिरपि त्यजन् ।
समकाले तनुं मुक्तः कैवल्यव्यापको भवेत् ।। ७०।।

Egal, ob an einem heiligen Ort
oder in der Hütte eines Unberührbaren. –
Selbst wenn der Yogi im Augenblick des Todes
das Bewusstsein verliert, geht er ins Absolute über.
[1.70.]

धर्मार्थकाममोक्षांश्च द्विपदादिचराचरम् ।
मन्यन्ते योगिनः सर्वं मरीचिजलसन्निभम् ।। ७१।।

Der Yogi betrachtet die Pflichten des Lebens,
das Streben nach Wohlstand,
die Liebe, die Befreiung und alles Belebte,
wie etwa den Menschen und alles Objekthafte,
als handele es sich dabei um eine Fata Morgana.
[1.71.]

अतीतानागतं कर्म वर्तमानं तथैव च ।
न करोमि न भुञ्जामि इति मे निश्चला मतिः ।। ७२।।

Es gibt keine Handlungen,
die von mir ausgeführt oder genossen werden –
weder in der Vergangenheit noch in der Zukunft
und auch nicht in diesem Augenblick.
Das weiß ich ohne jeden Zweifel.
[1.72.]

शून्यागारे समरसपूत-
स्तिष्ठन्नेकः सुखमवधूतः ।
चरति हि नग्नस्त्यक्त्वा गर्वं
विन्दति केवलमात्मनि सर्वम् ।। ७३।।

Der Avadhuta verbleibt allein im Sosein des Gefühls,
vollkommen glücklich im Zustand leerer Behausung.
Nachdem er allem entsagt hat,
ist er vollkommen nackt und frei.
Er empfängt das Absolute in sich selbst.
[1.73.]

त्रितयतुरीयं नहि नहि यत्र
विन्दति केवलमात्मनि तत्र ।
धर्माधर्मौ नहि नहि यत्र
बद्धो मुक्तः कथमिह तत्र ।। ७४।।

Wo die drei Zustände des Bewusstseins,
Wachen, Träumen und Tiefschlaf nicht zugegen sind,
und auch nicht der vierte, Turiya,
wo alles als das Selbst allein erlebt wird
und es weder Tugendhaftigkeit noch Sünde gibt,
wie ist es da möglich,
frei oder gebunden zu sein?
[1.74.]

विन्दति विन्दति नहि नहि मन्त्रं
छन्दोलक्षणं नहि नहि तन्त्रम् ।
समरसमग्नो भावितपूतः
प्रलपितमेतत्परमवधूतः ॥ ७५॥

Der Avadhuta weiß nichts von vedischen Hymnen
oder von tantrischen Ritualen und Zeremonien.
Als alles-erfüllende Essenz,
die vom Nicht-Wissen absorbiert ist,
spricht der Avadhuta nichts als die Wahrheit.
[1.75.]

सर्वशून्यमशून्यं च सत्यासत्यं न विद्यते ।
स्वभावभावतः प्रोक्तं शास्त्रसंवित्तिपूर्वकम् ॥ ७६॥

Es gibt weder vollständige Leere noch Leerelosigkeit,
weder Wahrheit noch Unwahrheit.
Der Avadhuta, der die den Schriften
zugrunde liegende Wahrheit verwirklicht hat,
hat sich hier seiner eigenen Natur gemäß
spontan geäußert.
[1.76.]

Kapitel 2

बालस्य वा विषयभोगरतस्य वापि
मूर्खस्य सेवकजनस्य गृहस्थितस्य ।
एतद्गुरोः किमपि नैव न चिन्तनीयं
रत्नं कथं त्यजति कोऽप्यशुचौ प्रविष्टम् ।। १।।

Es sollte keine Rolle spielen, ob der Lehrer jung ist,
ob er ungebildet ist oder sinnlichen Freuden nachgeht,
oder welche gesellschaftliche Stellung er hat.
Nichts davon sollte in Betracht gezogen werden.
Wer würde einen Edelstein von sich weisen,
nur weil er in den Schmutz gefallen ist?
[2.1.]

नैवात्र काव्यगुण एव तु चिन्तनीयो
ग्राह्यः परं गुणवता खलु सार एव ।
सिन्दूरचित्ररहिता भुवि रूपशून्या
पारं न किं नयति नौरिह गन्तुकामान् ।। २।।

Der Wert eines Lehrers hängt nicht davon ab,
ob er ein Gelehrter ist und belesen.
Der Suchende sollte sich
alleine auf die Essenz ausrichten.
Bringt ein Boot,
das weder schön noch farbenprächtig ist,
seine Passagiere etwa nicht ans andere Ufer?
[2.2.]

प्रयत्नेन विना येन निश्चलेन चलाचलम् ।
ग्रस्तं स्वभावतः शान्तं चैतन्यं गगनोपमम् ।। ३।।

Das unbewegliche Eine, das anstrengungslos
alles Bewegliche und Unbewegliche umfasst,
ist das von Natur aus stille Bewusstsein.
Es ist dem Himmel gleich.
[2.3.]

अयत्नाच्छालयेद्यस्तु एकमेव चराचरम् ।
सर्वगं तत्कथं भिन्नमद्वैतं वर्तते मम ।। ४।।

Wie kann DAS, was eins und all(es)-erfüllend ist;
DAS, was anstrengungslos alle Dinge bewegt,
die Beweglichen ebenso wie die Unbeweglichen,
(von sich selbst) unterschieden werden?
Für mich ist DAS nondual, nicht zwei.
[2.4.]

अहमेव परं यस्मात्सारात्सारतरं शिवम् ।
गमागमविनिर्मुक्तं निर्विकल्पं निराकुलम् ।। ५।।

Wahrlich, ich bin als das Absolute das Höchste;
Ich bin das Absolute und damit wesentlicher
als alles Wesentliche;
frei von Geburt und Tod,
still und nicht aufzugliedern.
[2.5.]

सर्वावयवनिर्मुक्तं तथाहं त्रिदशार्चितम् ।
संपूर्णत्वान्न गृह्णामि विभागं त्रिदशादिकम् ।। ६।।

Unbeeindruckt von allen Bestandteilen,
verbleibe Ich als Ich Selbst.
Als vollkommene Ganzheit
werde ich von den Göttern verehrt,
und nehme keine Unterschiede wahr –
weder Götter noch anderes.
[2.6.]

प्रमादेन न सन्देहः किं करिष्यामि वृत्तिमान् ।
उत्पद्यन्ते विलीयन्ते बुद्बुदाश्च यथा जले ।। ७।।

Weder Zweifel noch Unwissenheit*
rufen in mir die kleinste Bewegung hervor;
lass die Erscheinungen und Abwandlungen
des Verstandes weitergehen.
Sie tauchen wie Blasen im Wasser auf – und vergehen.
[2.7.]

*Wer die höchste spirituelle Wahrnehmung hat, kann auf der relativen Ebene leben und so erscheinen, als sei er in Unwissenheit gehüllt, obwohl er sich seiner Göttlichkeit ununterbrochen gewahr ist und seine Göttliche Identität verwirklicht hat.

महदादीनि भूतानि समाप्यैवं सदैव हि ।
मृदुद्रव्येषु तीक्ष्णेषु गुडेषु कटुकेषु च ।। ८।।

So durchdringe ich unablässig alle Existenz,
angefangen bei der kosmischen Intelligenz.
Ich durchwirke alle Substanzen,
seien sie weich oder hart, süß oder scharf.
[2.8.]

कटुत्वं चैव शैत्यत्वं मृदुत्वं च यथा जले ।
प्रकृतिः पुरुषस्तद्वदभिन्नं प्रतिभाति मे ।। ९।।

Sowenig, wie sich das Salz, die Kälte und die Weichheit
vom Wasser unterscheiden,
da sie der Natur des Wassers entsprechen,
unterscheiden sich Prakriti* und Purusha*[1],
als die mir innewohnende Natur von dem,
was ich bin.
[2.9.]

*Die relative Existenz als Natur.

*[1] Geist, als das Absolute.

सर्वाख्यारहितं यद्यत्सूक्ष्मात्सूक्ष्मतरं परम् ।
मनोबुद्धीन्द्रियातीतमकलङ्कं जगत्पतिम् ।। १०।।

Der Herr* des Universums ist aller Namen ledig. –
Er* ist subtiler als das Subtilste – das Höchste.
Als Makellosigkeit
geht Er über den Intellekt und Geist hinaus,
und lässt die Sinne hinter sich.
[2.10.]

* Selbst

ईदृशं सहजं यत्र अहं तत्र कथं भवेत् ।
त्वमेव हि कथं तत्र कथं तत्र चराचरम् ।। ११।।

Wie kann im natürlichen Zustand des Selbst
ein „Ich" fortbestehen?
Wie kann es darin weiterhin ein „Du" geben –
und eine „Welt"?
[2.11.]

गगनोपमं तु यत्प्रोक्तं तदेव गगनोपमम् ।
चैतन्यं दोषहीनं च सर्वज्ञं पूर्णमेव च ।। १२।।

Das Selbst, das dem Himmel gleich dargestellt wird,
ist tatsächlich selbst der Himmel.
Es ist reines Bewusstsein,
ohne Tadel, allwissend und vollkommen.
[2.12.]

पृथिव्यां चरितं नैव मारुतेन च वाहितम् ।
वरिणा पिहितं नैव तेजोमध्ये व्यवस्थितम् ।। १३।।

Das Selbst ist nicht auf der Erde zu Hause,
es wohnt nicht im Feuer,
wird nicht vom Wind bewegt
oder vom Wasser umschlossen.
[2.13.]

आकाशं तेन संव्याप्तं न तद्व्याप्तं च केनचित् ।
स बाह्याभ्यन्तरं तिष्ठत्यवच्छिन्नं निरन्तरम् ।। १४।।

Der Raum ist von Selbst erfüllt,
Es wird aber von nichts durchdrungen;
Es ist innerhalb und außerhalb;
Es ist unsichtbar, fortwährend und grenzenlos.
[2.14.]

सूक्ष्मत्वात्तदद्दश्यत्वान्निर्गुणत्वाच्च योगिभिः ।
आलम्बनादि यत्प्रोक्तं क्रमादालम्बनं भवेत् ।। १५।।

Seine vollkommene Angemessenheit und Eigenschafts-
losigkeit machen Es nicht wahrnehmbar;
Die Yogis nennen Es die Quelle aller Eigenschaften.
Das, was für ein Objekt* gehalten wurde,
wird als Grundlage von allem erkannt.
[2.15.]

* Um das Absolute zu erreichen, muss es zur Vergegenwärtigung des unendlichen, unterschiedslosen Bewusstseins kommen, in dem alle mentalen Unterscheidungen und Bewegungen eliminiert sind. Dafür lässt man das Bewusstsein ununterbrochen bei einem Objekt verweilen, statt seiner Tendenz nachzugeben, andere Dinge in Betracht zu ziehen. Der Ungeübte sollte sich zunächst auf ein Objekt der Wahrnehmung ausrichten. Später dann wird das Bewusstsein auf subtilere Formen ausgerichtet. Dadurch erlangt der Praktizierende nach und nach eine hohe und tiefgehende Form der Konzentration. Doch selbst in diesem Zustand kommt es noch zu Unterscheidungen: Sie zeigen sich als das Bewusstsein in Form des Übenden, als der Prozess der Ausrichtung und als das, worauf das Bewusstsein ausgerichtet ist. Im finalen Schritt lösen sich selbst diese Abgrenzungen auf. Was bleibt, ist reines, unterschiedsloses Bewusstsein – das Absolute.

सततांऽभ्यासयुक्तस्तु निरालम्बो यदा भवेत् ।
तल्लयाल्लीयते नान्तर्गुणदोषविवर्जितः ।। १६।।

Wenn die eigene Ausrichtung durch beständige Praxis
objektlos wird,
transzendieren sich alle Stärken und Schwächen.
Das führt zur vollkommenen Auflösung im Absoluten.
Damit verliert sich das Objekt der Meditation.
[2.16.]

षविश्वस्य रौद्रस्य मोहमूर्च्छाप्रदस्य च ।
एकमेव विनाशाय ह्यमोघं सहजामृतम् ।। १७।।

Um uns vom zersetzenden Gift der Welt zu befreien,
das die Quelle der Täuschung ist,
gibt es nur ein in jedem Fall wirksames Antidot:
Den Nektar der Natürlichkeit.
[2.17.]

भावगम्यं निराकारं साकारं दृष्टिगोचरम् ।
भावाभावविनिर्मुक्तमन्तरालं तदुच्यते ।। १८।।

Das, was Form hat, wird vom Auge wahrgenommen,
während das Formlose geistig erkannt wird.
Das Selbst ist nicht zu beschreiben,
weder als Sein, noch als Nicht-Sein.
[2.18.]

बाह्यभावं भवेद्विश्वमन्तः प्रकृतिरुच्यते ।
अन्तरादन्तरं ज्ञेयं नारिकेलफलाम्बुवत् ।। १९।।

Die äußere Existenz wird als Universum bezeichnet,
die innere Existenz als kosmische Intelligenz.
Erkenne Das, was über das Innerste der inneren
Existenz hinausgeht;
Es ist wie die süße Milch im Innern der Kokosnuss.
[2.19.]

रान्तिज्ञानं स्थितं बाह्यं सम्यग्ज्ञानं च मध्यगम् ।
मध्यान्मध्यतरं ज्ञेयं नारिकेलफलाम्बुवत् ।। २०।।

Trügerisches Wissen bezieht sich auf das,
was äußerlich erscheint,
wahres Wissen hingegen auf das,
was sich innen befindet.
Versuche, das zu erkennen,
was inwendiger als das Innerste ist;
Das, was wie die Milch der Kokosnuss ist.
[2.20.]

पौर्णमास्यां यथा चन्द्र एक एवातिनिर्मलः ।
तेन तत्सदृशं पश्येद्द्विधादृष्टिर्विपर्ययः ।। २१।।

In der Nacht des Vollmondes zeigt sich nur ein Mond –
in vollkommener Deutlichkeit.
Die Wirklichkeit des Selbst
sollte mit derselben Klarheit gesehen werden.
Sei dir im Klaren darüber, dass die Schau fehlerhaft ist,
wenn Dualität gesehen wird.
[2.21.]

अनेनैव प्रकारेण बुद्धिभेदो न सर्वगः ।
दाता च धीरतामेति गीयते नामकोटिभिः ।। २२।।

Tatsächlich scheint sich Intelligenz
auf diese Weise* zu widersprechen.
Damit hört sie auf, all-umfassend zu sein.
Wahrhaft gewaltig ist, wer die Wahrheit verkündet.
Er wird millionenfach gepriesen.

*wenn Dualität o. ä. wahrgenommen wird.

[2.22.]

गुरुप्रज्ञाप्रसादेन मूर्खो वा यदि पण्डितः ।
यस्तु संबुध्यते तत्त्वं विरक्तो भवसागरात् ।। २३।।

Wer durch die gnadenvolle Weisheit des Lehrers*
das vollständige Gewahrsein der Wahrheit erlangt,
wird vom Meer der Weltlichkeit nicht mehr berührt,
egal, ob er ein Gelehrter ist oder ungebildet.

[2.23.]

* Der wahre, innere Lehrer (Satguru) kann auch als Lehrer erscheinen.

रागद्वेषविनिर्मुक्तः सर्वभूतहिते रतः ।
दृढबोधश्च धीरश्च स गच्छेत्परमं पदम् ।। २४।।

Wer frei von Hass und Bindung ist,
und für das Gute aller Wesen arbeitet,
wer fest im Wissen gegründet ist,
und einen ausgeglichenen Geist hat,
wird den höchsten Zustand erreichen.
[2.24.]

घटे भिन्ने घटाकाश आकाशे लीयते यथा ।
देहाभावे तथा योगी स्वरूपे परमात्मनि ।। २५।।

Wenn der Krug zerbricht,
löst sich der Raum im Krug im universellen Raum auf.
Auf eben diese Weise löst sich der vom Körper befreite
Yogi im höchsten Selbst auf.
Das höchste Selbst ist sein wahres Wesen.
[2.25.]

उक्तेयं कर्मयुक्तानां मतिर्यान्तेऽपि सा गतिः ।
न चोक्ता योगयुक्तानां मतिर्यान्तेऽपि सा गतिः ।। २६।।

Das Schicksal derer, die sich als Handelnde verstehen,
ergibt sich aus den Gedanken,
die sich ihnen im Augenblick des Todes zeigen.
Allerdings wird das Schicksal eines Yogis,
der in der Einzigkeit von Yoga gegründet ist,
nicht von den Gedanken bestimmt,
die sich ihm im Augenblick des Todes zeigen.
[2.26.]

या गतिः कर्मयुक्तानां सा च वागिन्द्रियाद्वदेत् ।
योगिनां या गतिः क्वापि ह्यकथ्या भवतोर्जिता ।। २७।।

Man kann über das Schicksal derer sprechen,
die sich dem Handeln verschrieben haben.
Über das Schicksal eines Yogis jedoch,
kann überhaupt nichts gesagt werden,
weil es in der Transzendenz liegt.
[2.27.]

एवं ज्ञात्वा त्वमुं मार्गं योगिनां नैव कल्पितम् ।
विकल्पवर्जनं तेषां स्वयं सिद्धिः प्रवर्तते ।। २८।।

Wer das erkennt, kann nicht mehr behaupten,
dass es für den Yogi einen bestimmten Weg gibt.
Nur die Aufgabe aller Einbildung – der Dualität –
führt zur höchsten* Verwirklichung.
Sie stellt sich natürlicherweise ein.

[2.28.]

* Von der höchsten Wahrheit, die der Yogi erlangt, nachdem er alle Dualität transzendiert hat, kann nicht in Begriffen der relativen Existenz gesprochen werden, da sie ewig, also immer gegenwärtig und vollkommen ist. Wenn das Empfinden, Dualität wahrzunehmen, zerstört ist, offenbart sich die Wahrheit unmittelbar von selbst.

तीर्थे वान्त्यजगेहे वा यत्र कुत्र मृतोऽपि वा ।
न योगी पश्यते गर्भं परे ब्रह्मणि लीयते ।। २९।।

Egal, ob ein Yogi an einem heiligen Ort
oder in der Hütte eines Ausgestoßenen stirbt;
er kehrt niemals in den Mutterschoß zurück.
Er löst sich in Brahman – das Höchste auf.

[2.29.]

सहजमजमचिन्त्यं यस्तु पश्येत्स्वरूपं
घटति यदि यथेष्टं लिप्यते नैव दोषैः ।
सकृदपि तदभावात्कर्म किंचिन्नकुर्यात्
तदपि न च विबद्धः संयमी वा तपस्वी ।। ३०।।

Wer das wahre, ungeborene, unfassbare
und vollkommen natürliche Selbst verwirklicht,
wird selbst dann nicht in Mitleidenschaft gezogen,
wenn er die Früchte des Verlangens genießt.
Er ist ohne Makel
und führt keine eigenen Handlungen aus.
Der Entsagende, der ganz in das Selbst vertieft ist,
ist niemals gebunden.
[2.30.]

निरामयं निष्प्रतिमं निराकृतिं
निराश्रयं निर्वपुषं निराशिषम् ।
निर्द्वन्द्वनिर्मोहमलुप्तशक्तिकं
तमीशमात्मानमुपैति शाश्वतम् ।। ३१।।

Wer das Ewige, das Reine verwirklicht,
das, was furchtlos ist und keiner Unterstützung bedarf,
wer sich als körperlos und frei von Verlangen erkennt,
wer jenseits aller Gegensätze lebt,
wer frei von Vorstellungen ist,
und seine Kraft niemals erschöpft,
kommt im Höchsten Selbst zu sich.
[2.31.]

वेदो न दीक्षा न च मुण्डनक्रिया
गुरुर्न शिष्यो न च यन्त्रसम्पदः ।
मुद्रादिकं चापि न यत्र भासते
तमीशमात्मानमुपैति शाश्वतम् ।। ३२।।

Das höchste ewige Selbst wird von demjenigen erlangt,
für den die Veden keine Rolle mehr spielen.
Er bedarf keiner Initiation oder Tonsur,
keines Lehrers und keines Schülers,
keiner göttlichen Symbole und keiner Mudras*.
[2.32.]

* kunstvolle Handgesten als Teil ritualisierter Anbetung.

न शाम्भवं शाक्तिकमानवं न वा
पिण्डं च रूपं च पदादिकं न वा ।
आरम्भनिष्पत्तिघटादिकं च नो
तमीशमात्मानमुपैति शाश्वतम् ।। ३३।।

Da, wo sich Shiva und Shakti nicht mehr zeigen,
und auch kein Licht oder die Füße Gottes,
wo es weder Form noch Inhalt gibt,
noch irgendwelche Gebilde oder Gefäße,
die auf eine Identität schließen lassen,
da wird das höchste, ewige Selbst erreicht.
[2.33.]

यस्य स्वरूपात्सचराचरं जग-
दुत्पद्यते तिष्ठति लीयतेऽपि वा ।
पयोविकारादिव फेनबुद्बुदा-
स्तमीशमात्मानमुपैति शाश्वतम् ।। ३४।।

Der Yogi verwirklicht das höchste, ewige Selbst,
durch dessen Essenz das Universum beweglicher und
unbeweglicher Dinge zum Vorschein kommt,
bewahrt und zerstört wird,
wie der Schaum und die Blasen
in der Gischt des Ozeans.
[2.34.]

नासानिरोधो न च दृष्टिरासनं
बोधोऽप्यबोधोऽपि न यत्र भासते ।
नाडीप्रचारोऽपि न यत्र किञ्चि-
त्तमीशमात्मानमुपैति शाश्वतम् ।। ३५।।

Derjenige erreicht das höchste, ewige Selbst,
der keiner Atemkontrolle mehr bedarf
und keines gerichteten Schauens,
keiner Yogapositionen
und keiner Regulation der Körperfunktionen.
Er hat nichts mehr zu lernen oder zu verlernen.
[2.35.]

नानात्वमेकत्वमुभत्वमन्यता
अणुत्वदीर्घत्वमहत्त्वशून्यता ।
मानत्वमेयत्वसमत्ववर्जितं
तमीशमात्मानमुपैति शाश्वतम् ।। ३६।।

Wer frei ist von Vielheit, Einheit und Zweiheit,
nicht(s) mehr sondert und für besonders hält,
wer nicht mehr vergleichen und bemessen muss,
und frei vom Drang nach Wissen ist,
der erreicht das höchste, ewige Selbst.
[2.36.]

सुसंयमी वा यदि वा न संयमी
सुसंग्रही वा यदि वा न संग्रही ।
निष्कर्मको वा यदि वा सकर्मक-
स्तमीशमात्मानमुपैति शाश्वतम् ।। ३७।।

Er erreicht das höchste, ewige Selbst,
unabhängig davon, ob er sich selbst
vollkommen beherrscht oder nicht;
unabhängig davon, ob er sich von der Welt der Sinne
zurückgezogen hat oder nicht;
unabhängig davon, ob er der Welt des Handelns
entsagt hat oder nicht.
[2.37.]

मनो न बुद्धिर्न शरीरमिन्द्रियं
तन्मात्रभूतानि न भूतपञ्चकम् ।
अहंकृतिश्चापि वियत्स्वरूपकं
तमीशमात्मानमुपैति शाश्वतम् ।। ३८।।

Wer weder Körper noch Geist ist,
weder Verstand noch Sinnesorgane,
weder der subtile Körper noch die fünf Elemente,
wer ohne „Ich"-Empfinden ist
und ohne das Empfinden, dem Raum gleich zu sein,
der erreicht das höchste, ewige Selbst.
[2.38.]

विधौ निरोधे परमात्मतां गते
न योगिनश्चेतसि भेदवर्जिते ।
शौचं न वाशौचमलिङ्गभावना
सर्वं विधेयं यदि वा निषिध्यते ।। ३९।।

Wenn Gebote und Unterweisungen*
keine Bedeutung mehr haben
und der Yogi das höchste Selbst erreicht,
dann ist sein Geist ohne Unterscheidung –
weder rein noch unrein,
und so ist ihm selbst das erlaubt,
was im Allgemeinen verboten*[1] ist.
[2.39.]

*spirituelle Gebote der Schriften und Unterweisungen des Lehrers.

*[1] Für den spirituell Übenden sind bestimmte Verhaltensweisen verpflichtend, weil er sich anderenfalls in „weltlichen Dingen" verlieren würde.

मनो वचो यत्र न शक्तमीरितुं
नूनं कथं तत्र गुरूपदेशता ।
इमां कथामुक्तवतो गुरोस्त-
द्युक्तस्य तत्त्वं हि समं प्रकाशते ॥ ४०॥

Wie sollte der Lehrer durch Worte offenlegen können,
wozu Sprache und Verstand nicht in der Lage sind?
Durch den Lehrer,
der für immer eins mit Brahman ist,
erstrahlt die einheitliche, alles erfüllende Wirklichkeit.
[2.40.]

KAPITEL 3

गुणविगुणविभागो वर्तते नैव किञ्चित्
रतिविरतिविहीनं निर्मलं निष्प्रपञ्चम् ।
गुणविगुणविहीनं व्यापकं विश्वरूपं
कथमहमिह वन्दे व्योमरूपं शिवं वै ।। १।।

Das Absolute kennt weder „gut“ noch „schlecht“.
Es ist ohne Eigenschaften.
Wie kann ich das Absolute (Shiva) verehren,
das weder verbunden noch losgelöst,
und seinem Wesen nach wie Äther ist –
alles durchdringend, alles erfüllend,
jenseits der Illusion?
[3.1.]

श्वेतादिवर्णरहितो नियतं शिवश्च
कार्यं हि कारणमिदं हि परं शिवश्च ।
एवं विकल्परहितोऽहमलं शिवश्च
स्वात्मानमात्मनि सुमित्र कथं नमामि ।। २।।

Das Absolute (Shiva) ist ewiglich farblos.
Es ist weder weiß noch andersfarbig.
Es ist die Ursache und die Wirkung.
Demnach bin ich das Höchste Absolute,
das von allen Zweifeln frei ist.
Geliebter Freund, wie sollte ich mich
vor mir selbst verbeugen können?
[3.2.]

निर्मूलमूलरहितो हि सदोदितोऽहं
निर्धूमधूमरहितो हि सदोदितोऽहम् ।
निर्दीपदीपरहितो हि सदोदितोऽहं
ज्ञानामृतं समरसं गगनोपमोऽहम् ।। ३।।

Ich bin weder ursprungslos,
noch gehe ich von etwas aus.
Ich bin weder verborgen noch enthüllt,
sondern immer offensichtlich.
Frei vom Licht des relativen Wissens
und seiner Abwesenheit,
bin ich der Nektar der reinen Erkenntnis,
die Essenz in allem und alles durchdringend –
dem Himmel gleich.
[3.3.]

निष्काममकाममिह नाम कथं वदामि
निःसङ्गसङ्गमिह नाम कथं वदामि ।
निःसारसाररहितं च कथं वदामि
ज्ञानामृतं समरसं गगनोपमोऽहम् ।। ४।।

Ich bin das sehnliche Verlangen in der Wunschlosigkeit.
Was kann darüber gesagt werden?
Ich bin die Bindung des ewiglich Ungebundenen.
Was kann darüber gesagt werden?
Mir liegt nichts zugrunde,
dennoch bin ich die Essenz von allem.
Wie kann ich das verdeutlichen?
Ich bin der Nektar der reinen Erkenntnis,
die Essenz in allem und alles durchdringend –
dem Himmel gleich.
[3.4.]

अद्वैतरूपमखिलं हि कथं वदामि
द्वैतस्वरूपमखिलं हि कथं वदामि ।
नित्यं त्वनित्यमखिलं हि कथं वदामि
ज्ञानामृतं समरसं गगनोपमोऽहम् ।। ५।।

Wie kann ich vom Ganzen sprechen,
von der ungeteilten Wirklichkeit, die nondual ist
und die Grundlage der Dualität bildet?
Wie kann ich über das Ganze sprechen,
das zugleich ewig und vergänglich ist?
Ich bin der Nektar der reinen Erkenntnis,
alles durchdringend, dem Himmel gleich.
[3.5.]

स्थूलं हि नो नहि कृशं न गतागतं हि
आद्यन्तमध्यरहितं न परापरं हि ।
सत्यं वदामि खलु वै परमार्थतत्त्वं
ज्ञानामृतं समरसं गगनोपमोऽहम् ।। ६।।

Es ist weder grob noch fein.
Es kommt nicht und es geht nicht.
Es hat keinen Anfang, keine Mitte und kein Ende.
Es ist weder hoch noch niedrig.
Wahrlich – ich verkünde die höchste Wirklichkeit.
Ich bin der Nektar der reinen Erkenntnis,
alles durchdringend, dem Himmel gleich.
[3.6.]

संविद्धि सर्वकरणानि नभोनिभानि
संविद्धि सर्वविषयांश्च नभोनिभांश्च ।
संविद्धि चैकममलं न हि बन्धमुक्तं
ज्ञानामृतं समरसं गगनोपमोऽहम् ।। ७।।

Erkenne, dass die Wahrnehmung ebenso unfassbar ist,
wie der ätherische Raum.
Erkenne, dass die Objekte der Wahrnehmung
ebenso unfassbar sind, wie der ätherische Raum.
Erkenne, dass das makellose Eine
weder frei noch gebunden ist.
Ich bin der Nektar der reinen Erkenntnis,
alles durchdringend, dem Himmel gleich.
[3.7.]

दुर्बोधबोधगहनो न भवामि तात
दुर्लक्ष्यलक्ष्यगहनो न भवामि तात ।
आसन्नरूपगहनो न भवामि तात
ज्ञानामृतं समरसं गगनोपमोऽहम् ।। ८।।

Ich bin weder schwer zu verstehen,
noch kann mich das Bewusstsein verbergen.
Ich bin nicht schwer wahrzunehmen,
da mich das Wahrnehmbare nicht verbirgt.
Ich verberge mich nicht in den Formen,
die mich umgeben.
Ich bin der Nektar der reinen Erkenntnis,
alles durchdringend, dem Himmel gleich.
[3.8.]

निष्कर्मदहनो ज्वलनो भवामि
निर्दुःखदुःखदहनो ज्वलनो भवामि ।
निर्देहदेहदहनो ज्वलनो भवामि
ज्ञानामृतं समरसं गगनोपमोऽहम् ॥ ९॥

Ich bin das Feuer,
das das Karma desjenigen verbrennt,
der sich jenseits aller Handlung befindet.
Ich bin das Feuer,
das das Leid desjenigen verbrennt,
der sich jenseits des Leidens befindet.
Ich bin das Feuer,
das den Körper desjenigen verbrennt,
der ohne Körper ist.
Ich bin der Nektar der reinen Erkenntnis,
alles durchdringend, dem Himmel gleich.
[3.9.]

ष्पापपापदहनो हि हुताशनोऽहं
निर्धर्मधर्मदहनो हि हुताशनोऽहम् ।
निर्बन्धबन्धदहनो हि हुताशनोऽहं
ज्ञानामृतं समरसं गगनोपमोऽहम् ।। १०।।

Ich bin das Feuer,
das die Sünden desjenigen verbrennt,
der ohne Sünde ist.
Ich bin das Feuer,
das die Eigenschaften desjenigen verbrennt,
der ohne Eigenschaften ist.
Ich bin das Feuer,
das die Fesseln desjenigen verbrennt,
der nicht gebunden ist.
Ich bin der Nektar der reinen Erkenntnis,
alles durchdringend, dem Himmel gleich.
[3.10.]

निर्भावभावरहितो न भवामि वत्स
निर्योगयोगरहितो न भवामि वत्स ।
निश्चित्तचित्तरहितो न भवामि वत्स
ज्ञानामृतं समरसं गगनोपमोऽहम् ।। ११।।

Mein Kind, ich bin weder Einheit noch Trennung.
Weder empfinde ich, noch bin ich empfindungslos.
Mein Kind, ich bin weder gewahr noch nicht gewahr.
Ich bin der Nektar der reinen Erkenntnis,
alles durchdringend, dem Himmel gleich.
[3.11.]

निर्मोहमोहपदवीति न मे विकल्पो
निःशोकशोकपदवीति न मे विकल्पः ।
निर्लोभलोभपदवीति न मे विकल्पो
ज्ञानामृतं समरसं गगनोपमोऽहम् ।। १२।।

Es geht nicht auf meine Unwissenheit zurück,
dass das, was über alle Illusion hinausgeht,
als Teil der Illusion erscheint.
Es geht nicht auf meine Unwissenheit zurück,
dass sich das, was frei von Leid ist,
im Leid zu befinden scheint.
Es geht nicht auf meine Unwissenheit zurück,
dass das Eine, das keine Gier kennt,
im Reich der Gier erscheint.
Ich bin der Nektar der reinen Erkenntnis,
alles durchdringend, dem Himmel gleich.
[3.12.]

संसारसन्ततिलता न च मे कदाचित्
सन्तोषसन्ततिसुखो न च मे कदाचित् ।
अज्ञानबन्धनमिदं न च मे कदाचित्
ज्ञानामृतं समरसं गगनोपमोऽहम् ।। १३।।

Die weltliche Existenz,
die einer Schlingpflanze gleich um sich greift,
hat keinen Einfluss auf mich.
Die weltlichen Freuden wirken sich nicht auf mich aus.
Die Fessel der Unwissenheit bindet mich nicht.
Ich bin der Nektar der reinen Erkenntnis,
alles durchdringend, dem Himmel gleich.
[3.13.]

संसारसन्ततिरजो न च मे विकारः
सन्तापसन्ततितमो न च मे विकारः ।
सत्त्वं स्वधर्मजनकं न च मे विकारो
ज्ञानामृतं समरसं गगनोपमोऽहम् ।। १४।।

Das Unglück, das durch Rajas* hervorgerufen wird,
wirkt sich nicht auf mich aus.
Das Leid, das durch Tamas*[1] hervorgerufen wird,
wirkt sich nicht auf mich aus.
Sattvische Ruhe, die zu religiösen Verdiensten führt,
lässt mich unberührt.
Ich bin der Nektar der reinen Erkenntnis,
alles durchdringend, dem Himmel gleich.
[3.14.]

* Ruheloses Handeln, Tätigsein, *[1] Trägheit

सन्तापदुःखजनको न विधिः कदाचित्
सन्तापयोगजनितं न मनः कदाचित् ।
यस्मादहङ्कृतिरियं न च मे कदाचित्
ज्ञानामृतं समरसं गगनोपमोऽहम् ।। १५।।

Es gehen keine Handlungen von mir aus,
die zu Bedauern und Unheil führen.
Der sich selbst quälende Verstand
lässt mich unberührt.
Nichts von dem, was das Ego befeuert,
wirkt sich auf mich aus.
Ich bin der Nektar der reinen Erkenntnis,
alles durchdringend, dem Himmel gleich.
[3.15.]

निष्कम्पकम्पनिधनं न विकल्पकल्पं
स्वप्नप्रबोधनिधनं न हिताहितं हि ।
निःसारसारनिधनं न चराचरं हि
ज्ञानामृतं समरसं गगनोपमोऽहम् ।। १६।।

Ich bin das Ende der Regung* des reglosen Einen.
Ich bin weder entschlossen noch unentschlossen.
Ich bin der Tod des Schlafes und des Wachens.
Ich bin weder gut noch böse,
weder in Bewegung noch in Ruhe.
Ich bin weder Substanz, noch bin ich substanzlos.
Ich bin der Nektar der reinen Erkenntnis,
alles durchdringend, dem Himmel gleich.
[3.16.]

* ... „der Regung“: Das, was als mannigfaltiges Universum erscheint.

नो वेद्यवेदकमिदं न च हेतुतर्क्यं
वाचामगोचरमिदं न मनो न बुद्धिः ।
एवं कथं हि भवतः कथयामि तत्त्वं
ज्ञानामृतं समरसं गगनोपमोऽहम् ।। १७।।

Das Selbst ist weder wissbar,
noch ist es das Instrument des Wissens.
Es geht über alle Gründe und Begründungen hinaus,
und kann durch Logik nicht erfasst werden.
Es ist jenseits von Sprache, Geist und Intellekt.
Wie kann diese Wirklichkeit je beschrieben werden?
Ich bin der Nektar der reinen Erkenntnis,
alles durchdringend, dem Himmel gleich.
[3.17.]

निर्भिन्नभिन्नरहितं परमार्थतत्त्व-
मन्तर्बहिर्न हि कथं परमार्थतत्त्वम् ।
प्राक्सम्भवं न च रतं नहि वस्तु किञ्चित्
ज्ञानामृतं समरसं गगनोपमोऽहम् ।। १८।।

Die höchste Wirklichkeit ist frei davon,
geteilt oder nicht geteilt zu sein.
Sie ist weder innerhalb noch außerhalb.
Sie geht über alle Kausalität hinaus.
Selbst ungebunden, ist sie kein Objekt mit Substanz.
Ich bin der Nektar der reinen Erkenntnis,
alles durchdringend, dem Himmel gleich.
[3.18.]

रागादिदोषरहितं त्वहमेव तत्त्वं
दैवादिदोषरहितं त्वहमेव तत्त्वम् ।
संसारशोकरहितं त्वहमेव तत्त्वं
ज्ञानामृतं समरसं गगनोपमोऽहम् ।। १९।।

In der Tat: Ich bin die Wirklichkeit,
und werde durch keinerlei Bindung* entstellt.
In der Tat: Ich bin die Wirklichkeit,
und werde von keinem Schicksal umklammert.
In der Tat: Ich bin die Wirklichkeit,
und frei vom Leid der relativen Existenz.
Ich bin der Nektar der reinen Erkenntnis,
alles durchdringend, dem Himmel gleich.

[3.19.]

* Frei von jeder Beziehung zu Name und Form.

नत्रयं यदि च नेति कथं तुरीयं
कालत्रयं यदि च नेति कथं दिशश्च ।
शान्तं पदं हि परमं परमार्थतत्त्वं
ज्ञानामृतं समरसं गगनोपमोऽहम् ।। २०।।

Wie kann ein vierter Zustand* existieren,
wenn es die drei anderen*[1] nicht gibt?
Wie kann sich Raum ergeben,
wenn Vergangenheit, Gegenwart und Zukunft
nicht existieren?
Die Absolute Wirklichkeit
ist ein Zustand höchster Gelassenheit.
Ich bin der Nektar der reinen Erkenntnis,
alles durchdringend, dem Himmel gleich.
[3.20.]

* Turiya, *[1] Wachen, Träumen, Schlafen

दीर्घो लघुः पुनरितीह नमे विभागो
विस्तारसंकटमितीह न मे विभागः ।
कोणं हि वर्तुलमितीह न मे विभागो
ज्ञानामृतं समरसं गगनोपमोऽहम् ।। २१।।

Ich unterteile nicht in lang oder kurz.
Ich unterteile nicht in weit oder eng.
Ich unterteile nicht in eckig oder rund.
Ich bin der Nektar der reinen Erkenntnis,
alles durchdringend, dem Himmel gleich.
[3.21.]

मातापितादि तनयादि न मे कदाचित्
जातं मृतं न च मनो न च मे कदाचित् ।
निर्व्याकुलं स्थिरमिदं परमार्थतत्त्वं
ज्ञानामृतं समरसं गगनोपमोऽहम् ।। २२।।

Ich habe niemals eine Mutter, einen Vater, einen Sohn
oder ähnliches gehabt.
Ich bin nicht geboren und werde niemals sterben.
Ich kenne weder Verstand noch Meinung.
Ich bin das Selbst, nicht abgelenkt und still.
Ich bin der Nektar der reinen Erkenntnis,
alles durchdringend, dem Himmel gleich.
[3.22.]

शुद्धं विशुद्धमविचारमनन्तरूपं
निर्लेपलेपमविचारमनन्तरूपम् ।
निष्खण्डखण्डमविचारमनन्तरूपं
ज्ञानामृतं समरसं गगनोपमोऽहम् ।। २३।।

Ich bin das Reinste vom Reinen, jenseits aller Ursachen.
Der Form nach unendlich,
bin ich weder gebunden noch losgelöst.
Ich gehe über alle Ursachen hinaus.
Der Form nach unendlich,
bin ich weder getrennt noch nicht getrennt.
Ich bin der Nektar der reinen Erkenntnis,
alles durchdringend, dem Himmel gleich.
[3.23.]

ब्रह्मादयः सुरगणाः कथमत्र सन्ति
स्वर्गादयो वसतयः कथमत्र सन्ति ।
यद्येकरूपममलं परमार्थतत्त्वं
ज्ञानामृतं समरसं गगनोपमोऽहम् ।। २४।।

Wenn die höchste Wirklichkeit eine einzige
unbefleckte Einheit ist,
wie kann es dann Brahman und Götter geben?
Wie kann es einen Himmel geben
und eine Welt als Wohnstätte?
Ich bin der Nektar der reinen Erkenntnis,
alles durchdringend, dem Himmel gleich.
[3.24.]

निर्नेति नेति विमलो हि कथं वदामि
निःशेषशेषविमलो हि कथं वदामि ।
निर्लिङ्गलिङ्गविमलो हि कथं वदामि
ज्ञानामृतं समरसं गगनोपमोऽहम् ।। २५।।

Wie kann ich vom Selbst sprechen,
das „nicht dies" und auch nicht „nicht dies" ist?
Wie kann ich vom Selbst sprechen,
das endlos ist und das Ende?
Wie kann ich vom Selbst sprechen,
das eigenschaftslos ist und das Merkmal selbst?
Ich bin der Nektar der reinen Erkenntnis,
alles durchdringend, dem Himmel gleich.
[3.25.]

निष्कर्मकर्मपरमं सततं करोमि
निःसङ्गसङ्गरहितं परमं विनोदम् ।
निर्देहदेहरहितं सततं विनोदं
ज्ञानामृतं समरसं गगनोपमोऽहम् ।। २६।।

Ich vollziehe fortwährend die höchste Form des
Handelns, die im Nichthandeln liegt.
Ich bin die höchste Freude,
die frei von Bindung und Nichtbindung ist.
Ich bin fortwährende Glückseligkeit,
die frei von Form und Formlosigkeit ist.
Ich bin der Nektar der reinen Erkenntnis,
alles durchdringend, dem Himmel gleich.
[3.26.]

मायाप्रपञ्चरचना न च मे विकारः ।
कौटिल्यदम्भरचना न च मे विकारः ।
सत्यानृतेति रचना न च मे विकारो
ज्ञानामृतं समरसं गगनोपमोऽहम् ।। २७।।

Das täuschend echte Universum stellt mich nicht dar,
es wirkt sich nicht auf mich aus.
Die Verderbtheit und Falschheit der Welt
spiegelt nicht, was ich bin;
ihre Wahrheit und Lüge wirkt sich nicht auf mich aus.
Ich bin der Nektar der reinen Erkenntnis,
alles durchdringend, dem Himmel gleich.
[3.27.]

सन्ध्यादिकालरहितं न च मे वियोगो-
ह्यन्तः प्रबोधरहितं बधिरो न मूकः ।
एवं विकल्परहितं न च भावशुद्धं
ज्ञानामृतं समरसं गगनोपमोऽहम् ।। २८।।

Die Trennung, die durch Zeit hervorgerufen wird,
wirkt sich nicht auf mich aus.
Nichts kann mich von mir trennen.
Es gibt für mich weder ein inneres Erwachen,
noch bin ich jemals nicht erwacht.
Ich bin weder taub noch stumm.
Daher hege ich keine Trugbilder
und bedarf keines gereinigten Mentalkörpers.
Ich bin der Nektar der reinen Erkenntnis,
alles durchdringend, dem Himmel gleich.
[3.28.]

निर्नाथनाथरहितं हि निराकुलं वै
निश्चित्तचित्तविगतं हि निराकुलं वै ।
संविद्धि सर्वविगतं हि निराकुअलं वै
ज्ञानामृतं समरसं गगनोपमोऽहम् ।। २९।।

Ich bin weder mit noch ohne Meister.
Ich bin unbeeindruckt.
Ich habe den Verstand
und seine Abwesenheit transzendiert.
Ich bin gelassen.
Wisse, dass ich die Transzendenz bin,
die nicht gestört werden kann.
Ich bin der Nektar der reinen Erkenntnis,
alles durchdringend, dem Himmel gleich.
[3.29.]

कान्तारमन्दिरमिदं हि कथं वदामि
संसिद्धसंशयमिदं हि कथं वदामि ।
एवं निरन्तरसमं हि निराकुलं वै
ज्ञानामृतं समरसं गगनोपमोऽहम् ।। ३०।।

Wie kann ich behaupten, dass dies ein Wald
oder ein Tempel sei?
Wie kann ich behaupten, dass etwas bewiesen
oder zweifelhaft ist?
Für immer verbleibe ich als stille, ununterbrochene,
homogene Existenz.
Ich bin der Nektar der reinen Erkenntnis,
alles durchdringend, dem Himmel gleich.
[3.30.]

निर्जीवजीवरहितं सततं विभाति
निर्बीजबीजरहितं सततं विभाति ।
निर्वाणबन्धरहितं सततं विभाति
ज्ञानामृतं समरसं गगनोपमोऽहम् ।। ३१।।

Frei von Leben* und Leblosigkeit*,
leuchtet das Selbst ohne Unterlass.
Frei von Samen*[1] und Samenlosigkeit*[1]
leuchtet das Selbst ohne Unterlass.
Frei von Befreiung*[2] und Gefangenschaft*[2],
leuchtet das Selbst ohne Unterlass.
Ich bin der Nektar der reinen Erkenntnis,
alles durchdringend, dem Himmel gleich.
[3.31.]

* Relative Welt der Erscheinung
*[1] Ursache und Wirkung
*[2] Nirvana und Samsara

सम्भूतिवर्जितमिदं सततं विभाति
संसारवर्जितमिदं सततं विभाति ।
संहारवर्जितमिअदं सततं विभाति
ज्ञानामृतं समरसं गगनोपमोऽहम् ।। ३२।।

Ohne Ursprung,
leuchtet das Selbst immerzu.
Frei von Geburt, Weltlichkeit und Tod,
erstrahlt das Selbst ununterbrochen.
Ich bin der Nektar der reinen Erkenntnis,
alles durchdringend, dem Himmel gleich.
[3.32.]

उल्लेखमात्रमपि ते न च नामरूपं
निर्भिन्नभिन्नमपि ते न हि वस्तु किञ्चित् ।
निर्लज्जमानस करोषि कथं विषादं
ज्ञानामृतं समरसं गगनोपमोऽहम् ।। ३३।।

Du hast weder Namen noch Form.
Keine Anspielung kommt dir nah.
Du bist weder getrennt noch nicht getrennt –
und doch existiert nichts außerhalb von dir.
Oh, schamloser Verstand – warum grämst du dich so?
Ich bin der Nektar der reinen Erkenntnis,
alles durchdringend, dem Himmel gleich.
[3.33.]

किं नाम रोदिषि सखे न जरा न मृत्युः
किं नाम रोदिषि सखे न च जन्म दुःखम् ।
किं नाम रोदिषि सखे न च ते विकारो
ज्ञानामृतं समरसं गगनोपमोऽहम् ।। ३४।।

Warum weinst du, mein Freund?
Du kennst weder Alter noch Tod.
Warum weinst du, mein Freund?
Für dich gibt es die Qual der Geburt nicht.
Warum weinst du, mein Freund?
Für dich gibt es keine Unvollkommenheit.
Ich bin der Nektar der reinen Erkenntnis,
alles durchdringend, dem Himmel gleich.
[3.34.]

किं नाम रोदिषि सखे न च ते स्वरूपं
किं नाम रोदिषि सखे न च ते विरूपम् ।
किं नाम रोदिषि सखे न च ते वयांसि
ज्ञानामृतं समरसं गगनोपमोऽहम् ।। ३५।।

Warum weinst du, mein Freund?
Du hast keine eigenständige Form.
Warum weinst du, mein Freund?
Du kannst nicht deformiert werden und alterst nicht.
Ich bin der Nektar der reinen Erkenntnis,
alles durchdringend, dem Himmel gleich.
[3.35.]

किं नाम रोदिषि सखे न च ते वयांसि
किं नाम रोदिषि सखे न च ते मनांसि ।
किं नाम रोदिषि सखे न तवेन्द्रियाणि
ज्ञानामृतं समरसं गगनोपमोऽहम् ।। ३६।।

Warum weinst du, mein Freund?
Du bist alterslos.
Warum weinst du, mein Freund?
Du hast keinen Mentalkörper.
Warum weinst du, mein Freund?
Du hast keine Sinnesorgane.
Ich bin der Nektar der reinen Erkenntnis,
alles durchdringend, dem Himmel gleich.
[3.36.]

किं नाम रोदिषि सखे न च तेऽस्ति कामः
किं नाम रोदिषि सखे न च ते प्रलोभः ।
किं नाम रोदिषि सखे न च ते विमोहो
ज्ञानामृतं समरसं गगनोपमोऽहम् ।। ३७।।

Warum weinst du, mein Freund?
Du begehrst nicht(s).
Warum weinst du, mein Freund?
Du kennst keine Gier.
Warum weinst du, mein Freund?
Du kennst keine Täuschung.
Ich bin der Nektar der reinen Erkenntnis,
alles durchdringend, dem Himmel gleich.
[3.37.]

ऐश्वर्यमिच्छसि कथं न च ते धनानि
ऐश्वर्यमिच्छसि कथं न च ते हि पत्नी ।
ऐश्वर्यमिच्छसि कथं न च ते ममेति
ज्ञानामृतं समरसं गगनोपमोऽहम् ।। ३८।।

Du besitzt keinen Reichtum.
Warum sehnst du dich nach Wohlstand?
Du hast keine Frau.
Warum sehnst du dich danach?
Es gibt nichts, was dir gehört.
Ich bin der Nektar der reinen Erkenntnis,
alles durchdringend, dem Himmel gleich.
[3.38.]

लिङ्गप्रपञ्चजनुषी न च ते न मे च
निर्लज्जमानसमिदं च विभाति भिन्नम् ।
निर्भेदभेदरहितं न च ते न मे च
ज्ञानामृतं समरसं गगनोपमोऽहम् ।। ३९।।

Die Geburt in die Welt falscher Erscheinungen
gehört weder zu dir noch zu mir.
Der schamlose Verstand erscheint differenziert.
Das, was sich weder unterscheiden
noch nicht unterscheiden lässt,
ist weder deins noch meins.
Ich bin der Nektar der reinen Erkenntnis,
alles durchdringend, dem Himmel gleich.
[3.39.]

नो वाणुमात्रमपि ते हि विरागरूपं
नो वाणुमात्रमपि ते हि सरागरूपम् ।
नो वाणुमात्रमपि ते हि सकामरूपं
ज्ञानामृतं समरसं गगनोपमोऽहम् ।। ४०।।

Deiner Wesensart nach bist du nicht im Geringsten
sachlich oder leidenschaftlich.
Auch Wünsche finden in dir keinen Widerhall.
Ich bin der Nektar der reinen Erkenntnis,
alles durchdringend, dem Himmel gleich.
[3.40.]

ध्याता न ते हि हृदये न च ते समाधि-
र्ध्यानं न ते हि हृदये न बहिः प्रदेशः ।
ध्येयं न चेति हृदये न हि वस्तु कालो
ज्ञानामृतं समरसं गगनोपमोऽहम् ।। ४१।।

In deinem Herzen gibt es kein Objekt
über das sich meditieren ließe,
keinen Meditierenden und keine Meditation.
Es gibt keinen Raum außerhalb von dir,
keine innere Meditation und nichts,
was sich in Raum und Zeit vollzieht.
Ich bin der Nektar der reinen Erkenntnis,
alles durchdringend, dem Himmel gleich.
[3.41.]

यत्सारभूतमखिलं कथितं मया ते
न त्वं न मे न महतो न गुरुर्न न शिष्यः ।
स्वच्छन्दरूपसहजं परमार्थतत्त्वं
ज्ञानामृतं समरसं गगनोपमोऽहम् ।। ४२।।

Ich habe dir das Wesentliche offengelegt.
Es gibt weder dich, mich, noch kosmische Intelligenz.
Es gibt keinen Lehrer und keinen Schüler.
Die höchste Wirklichkeit erfüllt sich selbst,
vollkommen spontan.
Ich bin der Nektar der reinen Erkenntnis,
alles durchdringend, dem Himmel gleich.
[3.42.]

कथमिह परमार्थं तत्त्वमानन्दरूपं
कथमिह परमार्थं नैवमानन्दरूपम् ।
कथमिह परमार्थं ज्ञानविज्ञानरूपं
यदि परमहमेकं वर्तते व्योमरूपम् ।। ४३।।

Wenn ich, die Höchste Wirklichkeit, alles bin,
wie kann* es dann eine Wirklichkeit geben,
die ihrer Natur nach glückselig ist und eine,
die ihrer Natur nach nicht glücklich ist?
Wie kann* es eine Wirklichkeit des Wissens geben
und eine andere, die Unwissenheit ist?
[3.43.]

*Wenn von Gott so gesprochen wird, als ob er in der Welt „existieren“ würde, dann wird er zu einem eingebildeten Objekt, das von einem eingebildeten Subjekt wahrgenommen wird. Eine auf diese Weise wahrgenommene Welt widerspricht sich selbst.

दहनपवनहीनं विद्धि विज्ञानमेक-
मवनिजलविहीनं विद्धि विज्ञानरूपम् ।
समगमनविहीनं विद्धि विज्ञानमेकं
गगनमिव विशालं विद्धि विज्ञानमेकम् ।। ४४।।

Kenne das Eine Bewusstsein als das,
was weder Feuer, Äther, Erde noch Wasser ist.
Kenne das Eine, das seiner Natur nach Bewusstsein ist.
Wisse um DAS – den unendlichen Raum,
der alles erfüllt – überall.
[3.44.]

न शून्यरूपं न विशून्यरूपं
न शुद्धरूपं न विशुद्धरूपम् ।
रूपं विरूपं न भवामि किञ्चित्
स्वरूपरूपं परमार्थतत्त्वम् ।। ४५।।

Ich bin weder Leere noch Fülle.
Ich bin weder rein noch unrein.
Ich habe weder eine Form noch bin ich formlos.
Ich bin die höchste Wirklichkeit – das Absolute.
Meiner Natur nach nur wie ich selbst.
[3.45.]

मुञ्च मुञ्च हि संसारं त्यागं मुञ्च हि सर्वथा ।
त्यागात्यागविषं शुद्धममृतं सहजं ध्रुवम् ।। ४६।।

Weise die Welt auf jede Weise zurück.
Weise die Zurückweisung auf jede Weise zurück.
Weise das Gift der Zurückweisung und Nicht-Zurückweisung zurück.
Das Selbst ist rein, unsterblich,
natürlich und unwandelbar.
[3.46.]

KAPITEL 4

नावाहनं नैव विसर्जनं वा
पुष्पाणि पत्राणि कथं भवन्ति ।
ध्यानानि मन्त्राणि कथं भवन्ति
समासमं चैव शिवार्चनं च ।। १।।

Wozu die Götter anrufen und sich niederwerfen?
Was soll die Verehrung mit Blumen und Zweigen?
Wozu meditieren und fromme Lieder singen?
Wie kann Shiva verehrt werden,
wenn Verehrer und Verehrtes ein und dasselbe sind?
[4.1.]

न केवलं बन्धविबन्धमुक्तो
न केवलं शुद्धविशुद्धमुक्तः ।
न केवलं योगवियोगमुक्तः
स वै विमुक्तो गगनोपमोऽहम् ।। २।।

Ich bin nicht nur von Knechtschaft und Befreiung frei;
Ich bin nicht nur von Unreinheit und Reinheit frei;
Ich bin nicht nur von Vereinigung* und Trennung frei;
Ich bin die Freiheit selbst,
alles erfüllend, dem Himmel gleich.
[4.2.]

* Hin und wieder wird die Verwirklichung des höchsten spirituellen Zustands als Vereinigung zwischen dem individuellen und dem universellen Selbst beschrieben. Dabei geht es tatsächlich nicht um eine Vereinigung, sondern um die Verwirklichung des Absoluten.

सञ्जायते सर्वमिदं हि तथ्यं
सञ्जायते सर्वमिदं वितथ्यम् ।
एवं विकल्पो मम नैव जातः
स्वरूपनिर्वाणमनामयोऽहम् ।। ३।।

In habe nicht die falsche Vorstellung entwickelt,
dass die Wirklichkeit in die Existenz tritt,
dass Phänomene wirklich oder unwirklich sind.
Makellos und frei von Täuschung bin ich,
was Freiheit selbst ist.
[4.3.]

न साञ्जनं चैव निरञ्जनं वा
न चान्तरं वापि निरन्तरं वा ।
अन्तर्विभन्नं न हि मे विभाति
स्वरूपनिर्वाणमनामयोऽहम् ।। ४।।

Befleckt, unbefleckt, getrennt, nicht getrennt –
nichts davon trifft auf mich zu.
Differenzierungen tauchen in mir nicht auf.
Makellos und frei von Täuschung bin ich,
was Freiheit selbst ist.
[4.4.]

अबोधबोधो मम नैव जातो
बोधस्वरूपं मम नैव जातम् ।
निर्बोधबोधं च कथं वदामि
स्वरूपनिर्वाणमनामयोऽहम् ।। ५।।

Ich weiß nichts von Unwissenheit oder Wissen.
Wie kann ich dann für mich in Anspruch nehmen,
dass Wissen* meiner Natur entspricht?
Wie kann ich behaupten,
sowohl wissend als auch unwissend zu sein?
Makellos und frei von Täuschung bin ich,
was Freiheit selbst ist.
[4.5.]

*Wissen ist eine Halbheit, die Unwissenheit voraussetzt.

न धर्मयुक्तो न च पापयुक्तो
न बन्धयुक्तो न च मोक्षयुक्तः ।
युक्तं त्वयुक्तं न च मे विभाति
स्वरूपनिर्वाणमनामयोऽहम् ।। ६।।

Ich bin weder tugend- noch sündhaft.
Ich bin weder gebunden noch befreit.
Ich bin weder getrennt noch verein(ig)t.
Makellos und frei von Täuschung bin ich,
was Freiheit selbst ist.
[4.6.]

परापरं वा न च मे कदाचित्
मध्यस्थभावो हि न चारिमित्रम् ।
हिताहितं चापि कथं वदामि
स्वरूपनिर्वाणमनामयोऽहम् ॥ ७॥

Ich kenne keinen höheren oder niedrigeren Zustand
oder einen, der dazwischen liegt.
Ich habe weder Freunde noch Feinde.
Wie kann ich da von „gut“ und „böse“ sprechen?
Makellos und frei von Täuschung bin ich,
was Freiheit selbst ist.
[4.7.]

नोपासको नैवमुपास्यरूपं
न चोपदेशो न च मे क्रिया च ।
संवित्स्वरूपं च कथं वदामि
स्वरूपनिर्वाणमनामयोऽहम् ॥ ८॥

Ich bin weder der Verehrende
noch der Gegenstand der Verehrung.
Belehrungen und spirituelle Übungen haben für mich
keinerlei Bedeutung.
Wie kann ich von mir sprechen –
von mir, der Natur des Bewusstseins?
Makellos und frei von Täuschung bin ich,
was Freiheit selbst ist.
[4.8.]

नो व्यापकं व्याप्यमिहास्ति किञ्चित्
न चालयं वापि निरालयं वा ।
अशून्यशून्यं च कथं वदामि
स्वरूपनिर्वाणमनामयोऽहम् ।। ९।।

Hier gibt es nichts,
was durchdringt oder durchdrungen wird.
Es gibt weder einen Ort zum Verweilen,
noch Heimatlosigkeit.
Wie kann ich dann von Leere sprechen
und von Nicht-Leere?
Makellos und frei von Täuschung bin ich,
was Freiheit selbst ist.
[4.9.]

न ग्राहको ग्राह्यकमेव किञ्चित्
न कारणं वा मम नैव कार्यम् ।
अचिन्त्यचिन्त्यं च कथं वदामि
स्वरूपनिर्वाणमनामयोऽहम् ।। १०।।

Ich bin weder Ursache noch Wirkung.
Niemand versteht und es gibt nichts,
was verstanden werden kann.
Wie kann ich dann sagen,
ich sei vorstellbar oder nicht-vorstellbar?
Makellos und frei von Täuschung bin ich,
was Freiheit selbst ist.
[4.10.]

न भेदकं वापि न चैव भेद्यं
न वेदकं वा मम नैव वेद्यम् ।
गतागतं तात कथं वदामि
स्वरूपनिर्वाणमनामयोऽहम् ।। ११।।

Ich bin weder die Ursache für Unterschiede,
noch können sie sich in mir aufhalten.
Ich bin weder der Wissende, noch das Gewusste.
Wie kann ich dann davon sprechen,
dass etwas kommt oder geht, mein Kind?
Makellos und frei von Täuschung bin ich,
was Freiheit selbst ist.
[4.11.]

न चास्ति देहो न च मे विदेहो
बुद्धिर्मनो मे न हि चेन्द्रियाणि ।
रागो विरागश्च कथं वदामि
स्वरूपनिर्वाणमनामयोऽहम् ।। १२।।

Ich habe keinen Körper und bin nicht körperlos.
Ich besitze weder Intelligenz,
noch Verstand oder Sinnesorgane.
Wie kann ich dann von Verlangen sprechen
und von Begierdelosigkeit?
Makellos und frei von Täuschung bin ich,
was Freiheit selbst ist.
[4.12.]

उल्लेखमात्रं न हि भिन्नमुच्चै-
रुल्लेखमात्रं न तिरोहितं वै ।
समासमं मित्र कथं वदामि
स्वरूपनिर्वाणमनामयोऽहम् ।। १३।।

Nicht einmal andeutungsweise unterscheidet
sich das Selbst von etwas anderem.
Es ist nirgendwo versteckt.
Mein lieber Freund, wie kann ich dann sagen,
dass es etwas ähnelt oder sich unterscheidet?
Makellos und frei von Täuschung bin ich,
was Freiheit selbst ist.
[4.13.]

जितेन्द्रियोऽहं त्वजितेन्द्रियो वा
न संयमो मे नियमो न जातः ।
जयाजयौ मित्र कथं वदामि
स्वरूपनिर्वाणमनामयोऽहम् ।। १४।।

Ich habe die Sinne weder besiegt,
noch haben sie mich unterworfen.
Ich kenne weder Selbstbeherrschung noch Disziplin.
Wie kann ich dann von Sieg oder Niederlage sprechen?
Makellos und frei von Täuschung bin ich,
was Freiheit selbst ist.
[4.14.]

अमूर्तमूर्तिर्न च मे कदाचि-
दाद्यन्तमध्यं न च मे कदाचित् ।
बलाबलं मित्र कथं वदामि
स्वरूपनिर्वाणमनामयोऽहम् ।। १५।।

Ich habe weder eine Form, noch bin ich formlos.
Anfang, Mitte und Ende gehören nicht zu mir.
Mein Freund, wie kann ich dann von Stärke sprechen
und von Schwäche?
Makellos und frei von Täuschung bin ich,
was Freiheit selbst ist.
[4.15.]

मृतामृतं वापि विषाविषं च
सञ्जायते तात न मे कदाचित् ।
अशुद्धशुद्धं च कथं वदामि
स्वरूपनिर्वाणमनामयोऽहम् ।। १६।।

Ich kenne weder Tod noch Unsterblichkeit,
weder Gift noch Nektar.
Diese Unterschiede existieren für mich nicht.
Wie kann ich dann von rein und unrein sprechen?
Makellos und frei von Täuschung bin ich,
was Freiheit selbst ist.
[4.16.]

स्वप्नः प्रबोधो न च योगमुद्रा
नक्तं दिवा वापि न मे कदाचित् ।
अतुर्यतुर्यं च कथं वदामि
स्वरूपनिर्वाणमनामयोऽहम् ।। १७।।

Für mich gibt es keinen Schlaf und kein Erwachen.
Ich versenke mich nicht in yogische Übungen.
Für mich gibt es weder Tag noch Nacht.
Wie kann ich dann von Transzendenz
und relativen Ebenen sprechen?
Makellos und frei von Täuschung bin ich,
was Freiheit selbst ist.
[4.17.]

संविद्धि मां सर्वविसर्वमुक्तं
माया विमाया न च मे कदाचित् ।
सन्ध्यादिकं कर्म कथं वदामि
स्वरूपनिर्वाणमनामयोऽहम् ।। १८।।

Wisse, dass ich frei von allem
und ebenso frei von nichts bin.
Wisse, dass ich frei von Täuschung bin.
Ebenso frei bin ich von der Freiheit vor Täuschung.
Wie kann ich dann über morgendliche oder abendliche
Rituale und Anbetungen sprechen?
Makellos und frei von Täuschung bin ich,
was Freiheit selbst ist.
[4.18.]

संविद्धि मां सर्वसमाधियुक्तं
संविद्धि मां लक्ष्यविलक्ष्यमुक्तम् ।
योगं वियोगं च कथं वदामि
स्वरूपनिर्वाणमनामयोऽहम् ।। १९।।

Wisse, dass mir alle Samadhis innewohnen.
Wisse, dass ich frei von jeder Absicht bin
und keine relativen oder absoluten Ziele verfolge.
Wie kann ich dann von Vereinigung sprechen
und von Trennung?
Makellos und frei von Täuschung bin ich,
was Freiheit selbst ist.
[4.19.]

मूर्खोऽपि नाहं न च पण्डितोऽहं
मौनं विमौनं न च मे कदाचित् ।
तर्कं वितर्कं च कथं वदामि
स्वरूपनिर्वाणमनामयोऽहम् ।। २०।।

Ich bin weder unwissend noch gelehrt.
Für mich gibt es weder Stille noch Worte.
Wie kann ich dann argumentieren?
Makellos und frei von Täuschung bin ich,
was Freiheit selbst ist.
[4.20.]

पिता च माता च कुलं न जाति-
र्जन्मादि मृत्युर्न च मे कदाचित् ।
स्नेहं विमोहं च कथं वदामि
स्वरूपनिर्वाणमनामयोऽहम् ॥ २१॥

Für mich gibt es keinen Vater und keine Mutter,
keine Familie, keine Kaste,
keine Geburt und keinen Tod.
Wie kann ich von Zuneigung und Anziehung sprechen?
Makellos und frei von Täuschung bin ich,
was Freiheit selbst ist.
[4.21.]

अस्तं गतो नैव सदोदितोऽहं
तेजोवितेजो न च मे कदाचित् ।
सन्ध्यादिकं कर्म कथं वदामि
स्वरूपनिर्वाणमनामयोऽहम् ॥ २२॥

Ich bin immer offenbar und löse mich niemals auf.
Niemals erstrahle ich – niemals erstrahle ich nicht.
Wie kann ich dann von Morgen- und Abendritualen
oder ähnlichem sprechen?
Makellos und frei von Täuschung bin ich,
was Freiheit selbst ist.
[4.22.]

असंशयं विद्धि निराकुलं मां
असंशयं विद्धि निरन्तरं माम् ।
असंशयं विद्धि निरञ्जनं मां
स्वरूपनिर्वाणमनामयोऽहम् ।। २३।।

Wisse ohne jeden Zweifel, dass ich grenzenlos bin.
Wisse ohne jeden Zweifel, dass ich unwandelbar,
unteilbar und unbefleckt bin.
Makellos und frei von Täuschung bin ich,
was Freiheit selbst ist.
[4.23.]

ध्यानानि सर्वाणि परित्यजन्ति
शुभाशुभं कर्म परित्यजन्ति ।
त्यागामृतं तात पिबन्ति धीराः
स्वरूपनिर्वाणमनामयोऽहम् ।। २४।।

Der Weise weist jede Form der Meditation und alle
Handlungen von sich,
seien sie nun gut oder schlecht.
Er trinkt den Nektar der Entsagung.
Makellos und frei von Täuschung bin ich,
was Freiheit selbst ist.
[4.24.]

विन्दति विन्दति न हि न हि यत्र
छन्दोलक्षणं न हि न हि तत्र ।
समरसमग्नो भावितपूतः
प्रलपति तत्त्वं परमवधूतः ।। २५।।

Wo es kein Wissen gibt und niemanden, der weiß,
wo Poesie und Prosa bedeutungslos sind,
da plaudert der vom Bewusstsein des einheitlichen
Seins absorbierte Avadhuta,
der unbefleckt von Gedanken ist,
über die Wahrheit.
[4.25.]

Kapitel 5

ॐ इति गदितं गगनसमं तत्
न परापरसारविचार इति ।
अविलासविलासनिराकरणं
कथमक्षरबिन्दुसमुच्चरणम् ।। १।।

OM durchdringt alles – dem Himmel gleich.
Es ist weder manifest noch nicht-manifest,
und grenzt das Hohe nicht gegen das Niedere ab.
Wie kann es dann in Form einer Silbe oder eines
Punktes* ausgedrückt werden?
[5.1.]

* Die „Silbe" Om wird so betont, dass der Klang des Buchstaben „m" in Lautlosigkeit verklingt. Dieser transzendentale Aspekt wird als „Punkt" oder „Bindu" bezeichnet. Im Zeichen „Om" ist der Punkt über der nach oben offenen Sichel dargestellt.

इति तत्त्वमसिप्रभृतिश्रुतिभिः
प्रतिपादितमात्मनि तत्त्वमसि ।
त्वमुपाधिविवर्जितसर्वसमं
किमु रोदिषि मानसि सर्वसमम् ।। २।।

Die Schriften verkünden: „DAS bist Du."
Sie belegen, dass du wirklich DAS bist,
Du bist frei von Überlagerungen –
das Selbst selbst, in alle(m/n).
Warum bist du dann betrübt, mein Herz?
[5.2.]

अधऊर्ध्वविवर्जितसर्वसमं
बहिरन्तरवर्जितसर्वसमम् ।
यदि चैकविवर्जितसर्वसमं
किमु रोदिषि मानसि सर्वसमम् ।। ३।।

Du bist die Identität in alle(m/n).
In dir gibt es kein darüber und kein darunter,
kein Innen und kein Außen
und nicht einmal ein Einheitsempfinden.
Du bist als Identität zugleich in alle(m/n).
Warum bist du dann betrübt, mein Herz?
[5.3.]

न हि कल्पितकल्पविचार इति
न हि कारणकार्यविचार इति ।
पदसन्धिविवर्जितसर्वसमं
किमु रोदिषि मानसि सर्वसमम् ।। ४।।

Es gibt nichts, was sich in Grundsätze und Regeln
aufschlüsseln ließe;
und somit keine Kausalität.
Das Selbst lässt sich durch Worte nicht erreichen.
Du bist als Identität zugleich in alle(m/n).
Warum bist du dann betrübt, mein Herz?
[5.4.]

न हि बोधविबोधसमाधिरिति
न हि देशविदेशसमाधिरिति ।
न हि कालविकालसमाधिरिति
किमु रोदिषि मानसि सर्वसमम् ।। ५।।

Es gibt weder Wissen noch Unwissenheit,
und auch keine Meditation.
Der Raum lässt sich nicht in hier und dort unterteilen.
Es gibt weder Zeit noch ihre Abwesenheit.
Du bist als Identität zugleich in alle(m/n).
Warum bist du dann betrübt, mein Herz?
[5.5.]

न हि कुम्भनभो न हि कुम्भ इति
न हि जीववपुर्न हि जीव इति ।
न हि कारणकार्यविभाग इति
किमु रोदिषि मानसि सर्वसमम् ।। ६।।

Es gibt keinen Krug und auch keinen Raum im Krug.
Es gibt keinen Körper, der die Seele umgibt,
noch eine Seele, die sich verkörpern möchte.
Ursache und Wirkung lassen sich nicht unterscheiden.
Du bist als Identität zugleich in alle(m/n).
Warum bist du dann betrübt, mein Herz?
[5.6.]

इह सर्वनिरन्तरमोक्षपदं
लघुदीर्घविचारविहीन इति ।
न हि वर्तुलकोणविभाग इति
किमु रोदिषि मानसि सर्वसमम् ।। ७।।

Es gibt nichts außer Freiheit.
Sie ist das All(es) und ohne Unterschied.
Sie unterscheidet nicht nach der Form
und ist frei von Konzepten.
Du bist als Identität zugleich in alle(m/n).
Warum bist du dann betrübt, mein Herz?
[5.7.]

इह शून्यविशून्यविहीन इति
इह शुद्धविशुद्धविहीन इति ।
इह सर्वविसर्वविहीन इति
किमु रोदिषि मानसि सर्वसमम् ।। ८।।

Hier ist das Eine,
das weder Leere noch Leerelosigkeit ist.
Hier finden sich weder Reinheit noch Unreinheit.
Hier ist weder das Ganze noch ein Teil des Ganzen.
Du bist als Identität zugleich in alle(m/n).
Warum bist du dann betrübt, mein Herz?
[5.8.]

न हि भिन्नविभिन्नविचार इति
बहिरन्तरसन्धिविचार इति ।
अरिमित्रविवर्जितसर्वसमं
किमु रोदिषि मानसि सर्वसमम् ।। ९।।

Es gibt keinen Unterschied
zwischen Andersartigem und Gleichem.
Es gibt keine solche Unterscheidung wie
innerhalb, außerhalb und dazwischen.
Es ist dasselbe in alle(m/n) – ohne Freund und Feind.
Du bist als Identität zugleich in alle(m/n).
Warum bist du dann betrübt, mein Herz?
[5.9.]

न हि शिष्यविशिष्यस्वरूपैति
न चराचरभेदविचार इति ।
इह सर्वनिरन्तरमोक्षपदं
किमु रोदिषि मानसि सर्वसमम् ।। १०।।

Es geht nicht um den Schüler oder Nicht-Schüler,
und auch nicht um den Unterschied zwischen
Lebendigem und Unlebendigem.
Es gibt nur den Zustand der Freiheit,
der sich nicht aufschlüsseln lässt – das Absolute.
Du bist als Identität zugleich in alle(m/n).
Warum bist du dann betrübt, mein Herz?
[5.10.]

ननु रूपविरूपविहीन इति
ननु भिन्नविभिन्नविहीन इति ।
ननु सर्गविसर्गविहीन इति
किमु रोदिषि मानसि सर्वसमम् ।। ११।।

Es ist weder Form noch Formlosigkeit.
Es ist weder zu unterscheiden noch ohne Unterschied.
Es kennt weder Entwicklung noch Rückbildung.
Du bist als Identität zugleich in alle(m/n).
Warum bist du dann betrübt, mein Herz?
[5.11.]

न गुणागुणपाशनिबन्ध इति
मृतजीवनकर्म करोमि कथम् ।
इति शुद्धनिरञ्जनसर्वसमं
किमु रोदिषि मानसि सर्वसमम् ।। १२।।

Die Fesseln guter und schlechter Eigenschaften
können mich nicht binden.
Wie sollten sich Handlungen auf mich auswirken,
die sich auf das Leben und den Tod beziehen?
Es gibt nichts anderes als das reine, makellose Selbst.
Du bist als Identität zugleich in alle(m/n).
Warum bist du dann betrübt, mein Herz?
[5.12.]

इह भावविभावविहीन इति
इह कामविकामविहीन इति ।
इह बोधतमं खलु मोक्षसमं
किमु रोदिषि मानसि सर्वसमम् ।। १३।।

Hier gibt es weder Existenz noch Nicht-Existenz.
Hier gibt es weder Verlangen noch Wunschlosigkeit.
Hier ist wahrlich das höchste Bewusstsein,
das sich in nichts von der Freiheit unterscheidet.
Du bist als Identität zugleich in alle(m/n).
Warum bist du dann betrübt, mein Herz?
[5.13.]

इह तत्त्वनिरन्तरतत्त्वमिति
न हि सन्धिविसन्धिविहीन इति ।
यदि सर्वविवर्जितसर्वसमं
किमु रोदिषि मानसि सर्वसमम् ।। १४।।

Hier ist die Wahrheit,
die keine relativen Wahrheiten kennt.
Hier gibt es weder Trennung noch Vereinigung.
Frei von allem, ist sie überall dasselbe.
Warum bist du, die Identität in alle(m/n),
dann betrübt, mein Herz?
[5.14.]

अनिकेतकुटी परिवारसमं
इहसङ्गविसङ्गविहीनपरम् ।
इह बोधविबोधविहीनपरं
किमु रोदिषि मानसि सर्वसमम् ।। १५।।

Hier ist das Höchste;
Es kennt keinen Aufenthaltsort
und hat kein zu Hause.
Es ist weder fremd noch verbunden.
Hier ist das Selbst,
das weder wissend noch unwissend ist.
Du bist als Identität zugleich in alle(m/n).
Warum bist du dann betrübt, mein Herz?
[5.15.]

अविकारविकारमसत्यमिति
अविलक्षविलक्षमसत्यमिति ।
यदि केवलमात्मनि सत्यमिति
किमु रोदिषि मानसि सर्वसमम् ।। १६।।

Veränderlichkeit und Unveränderlichkeit
stimmen ebenso wenig mit der Wirklichkeit überein,
wie Zweckmäßigkeit und Zwecklosigkeit.
Wenn die Wahrheit nichts als das Selbst ist,
die Identität in alle(m/n),
warum bist du dann betrübt, mein Herz?
[5.16.]

इह सर्वसमं खलु जीव इति
इह सर्वनिरन्तरजीव इति ।
इह केवलनिश्चलजीव इति
किमु रोदिषि मानसि सर्वसमम् ।। १७।।

Hier ist das eine Absolute,
das alles umfassende bewusste Sein –
das untrennbar und ewig gegenwärtig ist.
Hier ist das eine und einzige unwandelbare Sein.
Du bist als Identität zugleich in alle(m/n).
Warum bist du dann betrübt, mein Herz?
[5.17.]

अविवेकविवेकमबोध इति
अविकल्पविकल्पमबोध इति ।
यदि चैकनिरन्तरबोध इति
किमु रोदिषि मानसि सर्वसमम् ।। १८।।

Da Unterschiede zu sehen, wo es keine gibt,
geht auf Unwissenheit zurück.
Bezweifele, dass das, was jenseits des Zweifels liegt,
Unwissenheit ist.
Wenn es nur ein unteilbares Bewusstsein gibt,
warum bist du dann betrübt, mein Herz?
Du bist als Identität zugleich in alle(m/n).
[5.18.]

न हि मोक्षपदं न हि बन्धपदं
न हि पुण्यपदं न हि पापपदम् ।
न हि पूर्णपदं न हि रिक्तपदं
किमु रोदिषि मानसि सर्वसमम् ।। १९।।

Es gibt keinen geknechteten oder befreiten Zustand,
und keinen, der sündig oder tugendhaft ist.
Es gibt keinen Zustand der Vollkommenheit,
und keinen, der unvollkommen ist.
Du bist als Identität zugleich in alle(m/n).
Warum bist du dann betrübt, mein Herz?
[5.19.]

यदि वर्णविवर्णविहीनसमं
यदि कारणकार्यविहीनसमम् ।
यदिभेदविभेदविहीनसमं
किमु रोदिषि मानसि सर्वसमम् ।। २०।।

Wenn das einheitliche Sein
frei von Ursache und Wirkung ist,
weder gegliedert noch getrennt,
wenn es weder durch Farben noch farblos
dargestellt werden kann,
warum bist du dann betrübt, mein Herz?
Du bist als Identität zugleich in alle(m/n).
[5.20.]

इह सर्वनिरन्तरसर्वचिते
इह केवलनिश्चलसर्वचिते ।
द्विपदादिविवर्जितसर्वचिते
किमु रोदिषि मानसि सर्वसमम् ।। २१।।

Hier, wo alles universelles Selbst ist, ist Ewigkeit.
Es ist hier, als universelles Bewusstsein,
das absolut und unveränderlich ist.
Als universelles Selbst kennt es weder Menschen
noch andere Wesen.
Du bist als Identität zugleich in alle(m/n).
Warum bist du dann betrübt, mein Herz?
[5.21.]

अतिसर्वनिरन्तरसर्वगतं
अतिनिर्मलनिश्चलसर्वगतम् ।
दिनरात्रिविवर्जितसर्वगतं
किमु रोदिषि मानसि सर्वसमम् ।। २२।।

Das Selbst transzendiert alles.
Es ist all(es)-erfüllend und unteilbar.
Es ist unbefleckt und nicht gebunden.
All(es)-erfüllend und unbewegt,
kennt es weder Tag noch Nacht.
Du bist als Identität zugleich in alle(m/n).
Warum bist du dann betrübt, mein Herz?
[5.22.]

न हि बन्धविबन्धसमागमनं
न हि योगवियोगसमागमनम् ।
न हि तर्कवितर्कसमागमनं
किमु रोदिषि मानसि सर्वसमम् ।। २३।।

Nichts kann befreit werden und nichts ist gebunden.
Es kann weder zur Vereinigung
noch zur Trennung kommen.
Nichts kann begründet werden,
und es gibt kein Streitgespräch.
Du bist als Identität zugleich in alle(m/n).
Warum bist du dann betrübt, mein Herz?
[5.23.]

इह कालविकालनिराकरणं
अणुमात्रकृशानुनिराकरणम् ।
न हि केवलसत्यनिराकरणं
किमु रोदिषि मानसि सर्वसमम् ।। २४।।

Hier negieren sich Zeit und Zeitlosigkeit
und alle Elemente,
nicht aber die Absolute Wirklichkeit.
Die Absolute Wirklichkeit
ist trotz aller Gründe und nicht aufgrund ihrer.
Du bist als Identität zugleich in alle(m/n).
Warum bist du dann betrübt, mein Herz?
[5.24.]

इह देहविदेहविहीन इति
ननु स्वप्नसुषुप्तिविहीनपरम् ।
अभिधानविधानविहीनपरं
किमु रोदिषि मानसि सर्वसमम् ।। २५।।

Hier ist das Selbst, weder Körper noch körperlos.
Hier ist wahrhaftig das Höchste,
das frei von Traum und Tiefschlaf ist.
Hier ist das Höchste, das auf keinen Namen hört.
Du bist als Identität zugleich in alle(m/n).
Warum bist du dann betrübt, mein Herz?
[5.25.]

गगनोपमशुद्धविशालसमं
अतिसर्वविवर्जितसर्वसमम् ।
गतसारविसारविकारसमं
किमु रोदिषि मानसि सर्वसमम् ।। २६।।

Rein, unermesslich und einheitlich wie der Himmel,
ist das Selbst dasselbe in alle(m/n)
und frei von alle(m/n).
Es ist das einheitliche Sein, das sich der Essenz,
der Nicht-Essenz und der Veränderung entzieht.
Du bist als Identität zugleich in alle(m/n).
Warum bist du dann betrübt, mein Herz?
[5.26.]

इह धर्मविधर्मविरागतर-
मिह वस्तुविवस्तुविरागतरम् ।
इह कामविकामविरागतरं
किमु रोदिषि मानसि सर्वसमम् ।। २७।।

Hier ist das Selbst;
das gegenüber Tugend und Laster, Materiellem und Ideellem, sowie Verlangen und Wunschlosigkeit gleichermaßen unbewegt ist.
Du bist als Identität zugleich in alle(m/n).
Warum bist du dann betrübt, mein Herz?
[5.27.]

सुखदुःखविवर्जितसर्वसम-
मिह शोकविशोकविहीनपरम् ।
गुरुशिष्यविवर्जिततत्त्वपरं
किमु रोदिषि मानसि सर्वसमम् ।। २८।।

Hier ist das Selbst – dasselbe in alle(m/n),
das weder betrübt noch nicht betrübt ist.
Hier ist das Höchste,
das weder Glück noch Bedauern kennt.
Das Höchste weiß nichts von Meister und Schüler.
Du bist als Identität zugleich in alle(m/n).
Warum bist du dann betrübt, mein Herz?
[5.28.]

न किलाङ्कुरसारविसार इति
न चलाचलसाम्यविसाम्यमिति ।
अविचारविचारविहीनमिति
किमु रोदिषि मानसि सर्वसमम् ।। २९।।

Tatsächlich gibt es keine Essenz oder Nicht-Essenz.
Es gibt nichts Bewegliches oder Unbewegliches,
keine Gleichartigkeit oder Vielfalt.
Das Selbst lässt sich weder ergründen
noch nicht ergründen.
Du bist als Identität zugleich in alle(m/n).
Warum bist du dann betrübt, mein Herz?
[5.29.]

इह सारसमुच्चयसारमिति ।
कथितं निजभावविभेद इति ।
विषये करणत्वमसत्यमिति
किमु रोदिषि मानसि सर्वसमम् ।। ३०।।

Hier ist die Essenz aller Essenzen,
von der es heißt, dass sie sich von der eigenen
Wahrnehmung* unterscheide.
Dabei hat sie kein Objekt, das anders ist oder
außerhalb von ihr liegt.
Du bist als Identität zugleich in alle(m/n).
Warum bist du dann betrübt, mein Herz?
[5.30.]

* dem individuellen Bewusstsein

बहुधा श्रुतयः प्रवदन्ति यतो
वियदादिरिदं मृगतोयसमम् ।
यदि चैकनिरन्तरसर्वसमं
किमु रोदिषि मानसि सर्वसमम् ।। ३१।।

Die Veden legen auf vielerlei Weise dar,
dass das beobachtbare Universum dem Wasser einer
Fata Morgana gleicht.
Warum bist du dann betrübt, mein Herz?
Es gibt nur ein unteilbares Selbst.
Du bist als Identität zugleich in alle(m/n).
[5.31.]

विन्दति विन्दति न हि न हि यत्र
छन्दोलक्षणं न हि न हि तत्र ।
समरसमग्नो भावितपूतः
प्रलपति तत्त्वं परमवधूतः ।। ३२।

Wo es kein Wissen gibt,
noch jemanden, der weiß,
da haben Prosa und Poesie keine Bedeutung mehr.
Als alles-durchdringende Essenz,
die vollkommen in das Bewusstsein
des gleichförmigen Seins vertieft ist,
plaudert der Avadhuta einfach über die Wahrheit.
[5.32.]

Kapitel 6

बहुधा श्रुतयः प्रवदन्ति वयं
वियदादिरिदं मृगतोयसमम् ।
यदि चैकनिरन्तरसर्वशिव-
मुपमेयमथोह्युपमा च कथम् ।। १।।

Die Shrutis* verkünden auf vielerlei Weise,
dass der Wahrnehmende, die wahrnehmbaren Welten
und wir selbst einer Fata Morgana gleichen.
Wenn es nichts als das unteilbare, immerwährende
Absolute gibt,
wie kann das Selbst dann verglichen werden –
und womit?
[6.1.]

* Siehe Seite 25

अविभक्तिविभक्तिविहीनपरं
ननु कार्यविकार्यविहीनपरम् ।
यदि चैकनिरन्तरसर्वशिवं
यजनं च कथं तपनं च कथम् ।। २।।

Das Höchste ist weder teilbar noch unteilbar.
Es ist bar aller Handlung und Nicht-Handlung.
Wenn es nur das all(es)-erfüllende Absolute gibt,
wie kann es dann zu Anbetung kommen
und zu Enthaltsamkeit?
[6.2.]

मन एव निरन्तरसर्वगतं
ह्यविशालविशालविहीनपरम् ।
मन एव निरन्तरसर्वशिवं
मनसापि कथं वचसा च कथम् ।। ३।।

Das Selbst ist wahrlich das Höchste –
unteilbar, all(es)-erfüllend, ohne Maß.
Das Selbst ist wirklich das unteilbare,
all(es)-umfassende Absolute.
Wie kann es dann vom Verstand erfasst
und durch Worte beschrieben werden?
[6.3.]

दिनरात्रिविभेदनिराकरण-
मुदितानुदितस्य निराकरणम् ।
यदि चैकनिरन्तरसर्वशिवं
रविचन्द्रमसौ ज्वलनश्च कथम् ।। ४।।

Das Selbst unterscheidet nicht
zwischen Tag und Nacht.
Es unterscheidet nicht zwischen Auf- und Untergang.
Wenn es das eine und einzige, immerwährende und
allumfassende Absolute ist,
wie kann es dann Sonne, Mond und Feuer geben?
[6.4.]

गतकामविकामविभेद इति
गतचेष्टविचेष्टविभेद इति ।
यदि चैकनिरन्तरसर्वशिवं
बहिरन्तरभिन्नमतिश्च कथम् ।। ५।।

Hier gibt es weder Wünsche noch Wunschlosigkeit.
Hier kommt es weder zu Aktivität noch zu Untätigkeit.
Wenn nur das eine und einzige, immerwährende und
allumfassende Absolute ist,
wie kann dann ein Inneres von einem Äußeren
unterschieden werden?
[6.5.]

यदि सारविसारविहीन इति
यदि शून्यविशून्यविहीन इति ।
यदि चैकनिरन्तरसर्वशिवं
प्रथमं च कथं चरमं च कथम् ।। ६।।

Wenn das Selbst bar aller Essenz und Nicht-Essenz ist,
wenn es weder Leere noch Fülle kennt,
wenn nur das eine und einzige, immerwährende und
allumfassende Absolute ist,
wie kann es dann zu etwas Erstem und zu etwas
Letztem kommen?
[6.6.]

यदिभेदविभेदनिराकरणं
यदि वेदकवेद्यनिराकरणम् ।
यदि चैकनिरन्तरसर्वशिवं
तृतीयं च कथं तुरीयं च कथम् ।। ७।।

Wenn das Selbst die Aufhebung von Unterschied und Unterschiedslosigkeit bedeutet,
die Negation von Wissendem und Gewusstem,
wenn nur das eine und einzige, immerwährende und allumfassende Absolute ist,
wie kann es dann drei* Bewusstseinszustände geben und einen Vierten*?
[6.7.]

* siehe Seite 36

गदिताविदितं न हि सत्यमिति
विदिताविदितं नहि सत्यमिति ।
यदि चैकनिरन्तरसर्वशिवं
विषयेन्द्रियबुद्धिमनांसि कथम् ।। ८।।

Das, was ausgesprochen werden kann und das Unaussprechliche entsprechen der Wahrheit ebenso wenig, wie das Bekannte und das Unbekannte.
Wenn nur das eine und einzige, immerwährende und allumfassende Absolute ist,
wie kann es dann Sinne, Objekte, Intellekt und Bewusstsein geben?
[6.8.]

गगनं पवनो न हि सत्यमिति
धरणी दहनो न हि सत्यमिति ।
यदि चैकनिरन्तरसर्वशिवं
जलदश्च कथं सलिलं च कथम् ।। ९।।

Äther und Luft entspechen nicht der Wahrheit,
und auch Erde und Feuer nicht.
Wenn nur das eine und einzige, immerwährende und allumfassende Absolute ist,
wie kann es dann Wolken und Regen* geben?
[6.9.]

* Ursache und Wirkung

यदि कल्पितलोकनिराकरणं
यदि कल्पितदेवनिराकरणम् ।
यदि चैकनिरन्तरसर्वशिवं
गुणदोषविचारमतिश्च कथम् ।। १०।।

Wenn das Selbst die Negation aller eingebildeten Welten und imaginären Götter ist,
wenn nur das eine und einzige, immerwährende und allumfassende Absolute ist,
wie kann man dann von Gut und Böse sprechen?
[6.10.]

मरणामरणं हि निराकरणं
करणाकरणं हि निराकरणम् ।
यदि चैकनिरन्तरसर्वशिवं
गमनागमनं हि कथं वदति ॥ ११॥

Wenn das Selbst die Negation von Tod und
Unsterblichkeit und von allem Tun und Lassen ist,
wenn nur das eine und einzige, immerwährende und
allumfassende Absolute ist,
wie kann man dann von Kommen und Gehen*
sprechen?
[6.11.]

* von Leben und Tod

प्रकृतिः पुरुषो न हि भेद इति
न हि कारणकार्यविभेद इति ।
यदि चैकनिरन्तरसर्वशिवं
पुरुषापुरुषं च कथं वदति ॥ १२॥

Prakriti* und Purusha*[1] lassen sich ebenso wenig
unterscheiden, wie Ursache und Wirkung.
Wenn nur das eine und einzige, immerwährende und
allumfassende Absolute ist,
wie kann man dann vom Selbst sprechen
und vom Nicht-Selbst?
[6.12.]

* Urmaterie, *[1] Selbst, Geist-an-sich

तृतीयं न हि दुःखसमागमनं
न गुणाद्द्वितीयस्य समागमनम् ।
यदि चैकनिरन्तरसर्वशिवं
स्थविरश्च युवा च शिशुश्च कथम् ।। १३।।

Wo kein Leid infolge der Kindheit entsteht,
kommt es nicht zum Leid der Jugend,
das auf die Gunas* zurückzuführen ist.
Wenn nur das eine und einzige, immerwährende und allumfassende Absolute ist,
wie kann es dann zu Kindheit, Jugend und Alter kommen?
[6.13.]

* Ramas (Trägheit), Tajas (Unruhe), Sattva (Ausgeglichenheit)

ननु आश्रमवर्णविहीनपरं
ननु कारणकर्तृविहीनपरम् ।
यदि चैकनिरन्तरसर्वशिव-
मविनष्टविनष्टमतिश्च कथम् ।। १४।।

Das Höchste kennt weder Kasten noch Lebensphasen,
es kennt keine Ursache und keinen Mittler.
Wenn nur das eine und einzige, immerwährende und allumfassende Absolute ist,
wie kann es dann ein Bewusstsein vom Vergänglichen*
und vom Unvergänglichen*[1] geben?
[6.14.]

* Phänomenale Welt; *[1] das ewige Selbst

ग्रसिताग्रसितं च वितथ्यमिति
जनिताजनितं च वितथ्यमिति ।
यदि चैकनिरन्तरसर्वशिव-
मविनाशि विनाशि कथं हि भवेत् ।। १५।।

Das Zerstörtbare und das Unzerstörbare
entsprechen nicht der Wirklichkeit.
Geborenes und Ungeborenes sind unwahr.
Wenn nur das eine und einzige, immerwährende und
allumfassende Absolute ist,
wie kann es dann das Vergängliche und das
Unvergängliche geben?
[6.15.]

पुरुषापुरुषस्य विनष्टमिति
वनितावनितस्य विनष्टमिति ।
यदि चैकनिरन्तरसर्वशिव-
मविनोदविनोदमतिश्च कथम् ।। १६।।

Das Selbst grenzt das Männlich nicht gegen
das Nicht-Männliche und das Weiblich nicht gegen
das Nicht-Weiblich ab.
Wenn nur das eine und einzige, immerwährende und
allumfassende Absolute ist,
wie kann es dann ein Bewusstsein von Freude
und ihrem Nichtvorhandensein geben?
[6.16.]

यदि मोहविषादविहीनपरो
यदि संशयशोकविहीनपरः ।
यदि चैकनिरन्तरसर्वशिव-
महमेति ममेति कथं च पुनः ।। १७।।

Wenn das Höchste frei von Täuschung und Leid ist,
wenn es frei von Trauer und Zweifel ist,
wenn nur das eine und einzige, immerwährende und allumfassende Absolute ist,
wie kann es dann ein „Ich“ geben und „mein(s)“?
[6.17.]

ननु धर्मविधर्मविनाश इति
ननु बन्धविबन्धविनाश इति ।
यदि चैकनिरन्तरसर्वशिवं-
मिहदुःखविदुःखमतिश्च कथम् ।। १८।।

Im Höchsten sind Tugend und Laster vernichtet,
ebenso jedes Gebundensein und ein Freisein davon.
Wenn nur das eine und einzige, immerwährende und allumfassende Absolute ist,
wie kann es dann zu Leid
oder zur Abwesenheit von Leid kommen?
[6.18.]

न हि याज्ञिकयज्ञविभाग इति
न हुताशनवस्तुविभाग इति ।
यदि चैकनिरन्तरसर्वशिवं
वद कर्मफलानि भवन्ति कथम् ।। १९।।

Der Opfernde und das Opfer unterscheiden sich
ebenso wenig, wie das Feuer
und das, was es als Opfergabe verbrennt.
Wenn nur das eine und einzige, immerwährende und
allumfassende Absolute ist,
wie kann Arbeit dann belohnt werden?
[6.19.]

ननु शोकविशोकविमुक्त इति
ननु दर्पविदर्पविमुक्त इति ।
यदि चैकनिरन्तरसर्वशिवं
ननु रागविरागमतिश्च कथम् ।। २०।।

Wahrlich, das Selbst ist frei von Leid und der
Abwesenheit von Leid.
Es ist frei von Stolz und der Abwesenheit von Stolz.
Wenn nur das eine und einzige, immerwährende und
allumfassende Absolute ist,
wie kann es dann Bindung geben oder
Nichtgebundensein?
[6.20.]

न हि मोहविमोहविकार इति
न हि लोभविलोभविकार इति ।
यदि चैकनिरन्तरसर्वशिवं
ह्यविवेकविवेकमतिश्च कथम् ।। २१।।

Hier gibt es keinen Unterschied zwischen Täuschung und Nicht-Täuschung und auch keinen zwischen Gier und der Freiheit von Gier.
Wenn nur das eine und einzige, immerwährende und allumfassende Absolute ist,
wie kann es dann ein unterscheidendes oder nicht-unterscheidendes Bewusstsein geben?
[6.21.]

त्वमहं न हि हन्त कदाचिदपि
कुलजातिविचारमसत्यमिति ।
अहमेव शिवः परमार्थ इति
अभिवादनमत्र करोमि कथम् ।। २२।।

Es gibt niemals ein „Ich“ oder ein „Du“.
Die Unterscheidung nach Familienzugehörigkeit und Rasse ist falsch.
Wahrlich, ich bin Shiva – die ultimative Wirklichkeit.
Was kann ich anbeten?
Vor wem kann ich mich niederwerfen?
[6.22.]

गुरुशिष्यविचारविशीर्ण इति
उपदेशविचारविशीर्ण इति ।
अहमेव शिवः परमार्थ इति
अभिवादनमत्र करोमि कथम् ।। २३।।

Das Selbst kennt keine Lehre
und keinen Unterschied zwischen Guru und Schüler.
Wahrlich, ich bin Shiva – die ultimative Wirklichkeit.
Was kann ich anbeten?
Vor wem kann ich mich niederwerfen?
[6.23.]

न हि कल्पितदेहविभाग इति
न हि कल्पितलोकविभाग इति ।
अहमेव शिवः परमार्थ इति
अभिवादनमत्र करोमि कथम् ।। २४।।

Die Trennung zwischen Körpern ist reine Einbildung.
Die Unterscheidung nach Orten ist reine Einbildung.
Wahrlich, ich bin Shiva – die ultimative Wirklichkeit.
Was kann ich anbeten?
Vor wem kann ich mich niederwerfen?
[6.24.]

सरजो विरजो न कदाचिदपि
ननु निर्मलनिश्चलशुद्ध इति ।
अहमेव शिवः परमार्थ इति
अभिवादनमत्र करोमि कथम् ।। २५।।

Das Selbst hat keine Vorlieben oder Abneigungen.
Es ist unerschütterlich, rein und unbefleckt.
Wahrlich, ich bin Shiva – die ultimative Wirklichkeit.
Was kann ich anbeten?
Vor wem kann ich mich niederwerfen?
[6.25.]

न हि देहविदेहविकल्प इति
अनृतं चरितं न हि सत्यमिति ।
अहमेव शिवः परमार्थ इति
अभिवादनमत्र करोमि कथम् ।। २६।।

Es gibt keine Unterschiede
wie verkörpert und körperlos, noch ist es wahr,
dass es falsche Handlungen gibt.
Wahrlich, ich bin Shiva – die ultimative Wirklichkeit.
Was kann ich anbeten?
Vor wem kann ich mich niederwerfen?
[6.26.]

विन्दति विन्दति न हि न हि यत्र
छन्दोलक्षणं न हि न हि तत्र ।
समरसमग्नो भावितपूतः
प्रलपति तत्त्वं परमवधूतः ।। २७।।

Wo es kein Wissen gibt, noch jemanden, der weiß,
da haben Prosa und Poesie keinerlei Bedeutung.
Als all(es)-erfüllende Essenz,
die ganz ins Nichtwissen vertieft ist,
plaudert der Avadhuta einfach über die Wahrheit.
[6.27.]

Kapitel 7

रथ्याकर्पटविरचितकन्थः
पुण्यापुण्यविवर्जितपन्थः ।
शून्यागारे तिष्ठति नग्नो
शुद्धनिरञ्जनसमरसमग्नः ॥ १॥

Gekleidet in aufgelesene Lumpen geht der Avadhuta
seinen Weg jenseits von Tugendhaftigkeit und Laster.
Aufgegangen im reinen, unbefleckten Selbst,
weilt er nackt in einer leeren Behausung.
[7.1.]

लक्ष्यालक्ष्यविवर्जितलक्ष्यो
युक्तायुक्तविवर्जितदक्षः ।
केवलतत्त्वनिरञ्जनपूतो
वादविवादः कथमवधूतः ॥ २॥

Der Erleuchtete zielt auf das,
was weder Mal noch Zeichen* kennt.
Er ist geschickt und weiß, was angemessen und was
unangemessen ist, ohne sich darum zu kümmern,
was „richtig“ und was „falsch“ ist.
Er verbleibt als das Absolute, unbefleckt und rein.
Wie sollte der Befreite auf die Idee kommen,
sich an Diskussionen und Debatten zu beteiligen?
[7.2]

*Selbst das, was „ohne Attribute“ ist, kann dem transzendentalen Selbst nicht zugerechnet werden, da das Nichtvorhandensein von Merkmalen vorausssetzt, dass es Attribute gibt.

आशापाशविबन्धनमुक्ताः
शौचाचारविवर्जितयुक्ताः ।
एवं सर्वविवर्जितशान्त-
स्तत्त्वं शुद्धनिरञ्जनवन्तः ।। ३।।

Befreit von den Fesseln trügerischer Hoffnung,
und alles zeremoniellen Gebarens ledig,
geht der Erleuchtete im Absoluten auf.
Da er sich von allem losgesagt hat,
ist er die unbefleckte, reine Wirklichkeit.
[7.3.]

कथमिह देहविदेहविचारः
कथमिह रागविरागविचारः ।
निर्मलनिश्चलगगनाकारं
स्वयमिह तत्त्वं सहजाकारम् ।। ४।।

Wie kann sich hier die Frage nach Verkörperung und
Körperlosigkeit ergeben?
Wer sollte an diesem Punkt über Leidenschaft und die
Freiheit davon diskutieren wollen?
Hier ist die Wahrheit selbst – aus sich selbst heraus,
in ihrer natürlichen Form – rein, unbewegt,
dem Himmel gleich.
[7.4.]

कथमिह तत्वं विन्दति यत्र
रूपमरूपं कथमिह तत्र ।
गगनाकारः परमो यत्र
विषयीकरणं कथमिह तत्र ।। ५।।

Wie kann etwas über die Wirklichkeit bekannt sein?
Wie kann sie Gestalt haben oder gestaltlos sein?
Wie ist es möglich, Objekte wahrzunehmen,
wo das Höchte ist,
dessen Form dem Himmel gleicht?
[7.5.]

गगनाकारनिरन्तरहंस-
स्तत्वविशुद्धनिरञ्जनहंसः ।
एवं कथमिह भिन्नविभिन्नं
बन्धविबन्धविकारविभिन्नम् ।। ६।।

Das Selbst ist fortwährend, dem Himmel gleich.
Es ist die reine unbefleckte Wirklichkeit.
Wie kann es hier zu Unterschieden kommen
oder zu Unterschiedslosigkeit?
Wie zu Gefangenschaft oder zu Freiheit?
Wie zu Teilung oder zu Vervielfältigung?
[7.6.]

केवलतत्त्वनिरन्तरसर्वं
योगवियोगौ कथमिह गर्वम् ।
एवं परमनिरन्तरसर्व-
मेवं कथमिह सारविसारम् ।। ७।।

Hier ist nichts als die Wahrheit –
das immerwährende, unteilbare All.
Wie kann es dann zu Vereinigung,
Uneinigkeit und Stolz kommen?
Wenn hier nur das Höchste ist,
das niemals nicht ist, das All als alles,
wie kommt es dann zur Frage nach der Essenz
und ihrem Nichtvorhandensein?
[7.7.]

केवलतत्त्वनिरञ्जनसर्वं
गगनाकारनिरन्तरशुद्धम् ।
एवं कथमिह सङ्गविसङ्गं
सत्यं कथमिह रङ्गविरङ्गम् ।। ८।।

Nur die unbefleckte all-umfassende Wahrheit ist,
immerwährend, dem Himmel gleich.
Wie kann es hier zu Vereinigung
und Trennung kommen?
Wie kann es hier ein Spiel geben
und ein Ende des Spiels?
[7.8.]

योगवियोगै रहितो योगी
भोगविभोगै रहितो भोगी ।
एवं चरति हि मन्दं मन्दं
मनसा कल्पितसहजानन्दम् ।। ९।।

Der wahre Yogi praktiziert kein Yoga,
weil für ihn alles Yoga ist.
Er ist der von allem Genuß und Nicht-Genuß
befreite Genießende.
Ohne Eile wandelt er in einem Geist,
der sich in der von allem unbeeinflussten Seligkeit des
Selbst aufgelöst hat.
[7.9.]

बोधविबोधैः सततं युक्तो
द्वैताद्वैतैः कथमिह मुक्तः ।
सहजो विरजः कथमिह योगी
शुद्धनिरञ्जनसमरसभोगी ।। १०।।

Wie sollte ein Yogi, der ständig zum Wissen und
Nichtwissen in Beziehung steht,
frei sein von Dualität und Nondualität?
Wie sollte er auf diese Weise Natürlichkeit und
Leidenschaftslosigkeit erlangen können?
Als unbefleckte Makellosigkeit,
ist er (bereits) der Genießende des Seins-an-sich.
[7.10.]

भग्नाभग्नविवर्जितभग्नो
लग्नालग्नविवर्जितलग्नः ।
एवं कथमिह सारविसारः
समरसतत्त्वं गगनाकारः ।। ११।।

Als Zerstörer* ist das Selbst
vom Zerstörten und Nicht-Zerstörten frei.
Als Bewahrer ist es frei
vom Bewahrten und Nicht-Bewahrten.
Wie kann es für das Selbst, das allem zugrunde liegt,
einen Unterschied zwischem Wesentlichem und
Unwesentlichem geben?
[7.11.]

* Das Selbst ist auf der relativen Ebene nicht anzutreffen.

सततं सर्वविवर्जितयुक्तः
सर्वं तत्त्वविवर्जितमुक्तः ।
एवं कथमिह जीवितमरणं
ध्यानाध्यानैः कथमिह करणम् ।। १२।।

Der Erwachte ist als das vollkommen Entblößte für
immer mit dem Selbst vereint.
Er ist die Freiheit,
die kein Prinzip und keine Wirklichkeit kennt.
Was soll Meditation oder Nicht-Meditation hier
vollenden?
Wie kann es hier zu Leben und Tod kommen?
[7.12.]

इन्द्रजालमिदं सर्वं यथा मरुमरीचिका ।
अखण्डितमनाकारो वर्तते केवलः शिवः ।। १३।।

Das alles ist eine magische Halluzination,
die einer Fata Morgana in der Wüste gleicht.
Jenseits aller eingebideten Formen und Unterschiede
ist nichts als das unteilbare und undurchdringliche
Absolute Selbst allein.
[7.13.]

धर्मादौ मोक्षपर्यन्तं निरीहाः सर्वथा वयम् ।
कथं रागविरागैश्च कल्पयन्ति विपश्चितः ।। १४।।

Wie können wir* gebunden oder gelöst sein,
wenn wir allen Dingen gegenüber
vollkommen gleichmütig sind,
seien es nun religiöse Vorschriften, das Erringen der
Freiheit oder andere Pflichten?
Nur die Gelehrten*[1] bilden sich dererlei Dinge ein.
[7.14.]

* Die „zum Traum der Wirklichkeit“ Erwachten, die diesen Traum nicht mehr mit sich selbst gleichsetzen.

*[1] Gemeint sind hier Schriftgelehrte ohne eigene Erfahrung.

विन्दति विन्दति न हि न हि यत्र
छन्दोलक्षणं न हि न हि तत्र ।
समरसमग्नो भावितपूतः
प्रलपति तत्त्वं परमवधूतः ॥ १५॥

Wo es kein Wissen gibt und niemanden, der weiß,
wo sich Prosa und Poesie als bedeutungslos erweisen,
da plaudert der Avadhuta
als die alles-durchdringende Essenz,
die ganz ins Nichtwissen vertieft* ist,
von der Wahrheit.
[7.15.]

* „ins Nichtwissen vertieft“: Das Wissen, das sich selbst nicht wissen kann und nicht wissen muss, um Wissen zu sein. – Das, was ohne Differenz (zu sich selbst) ist.

Dattatreyas Avadhuta Gita

Die Enthüllung des Unverhüllten

Die etwa 1000 – 1500 v. Chr. verfasste Avadhuta Gita wird Dattatreya, dem Sohn von Atri (A-tri: reines Bewusstsein hinter der Schöpfung) und Anasuya (Zustand reiner Qualitäten, in dem es keine Bosheit gibt) zugeschrieben. Darin beschreibt Dattatreya das „unverfälschte" göttliche Prinzip, durch das reines Bewusstsein in Form der Qualitäten (Rajas, Tamas, Sattva) in Erscheinung tritt, ohne sich mit ihnen zu verwechseln. Daher beschäftigt sich die hier besungene befreite Seele (der Avadhuta) nicht mehr mit der Frage nach „richtig" und „falsch". Stattdessen erlebt sie Brahma (Schöpfung), Vishnu (Bewahrung) und Shiva (Zerstörung), ohne am Weltgeschehen zu leiden bzw. ohne sich daran zu verlieren.

Natürlich kann sich das Unverhüllte erst entdecken, wenn es zutiefst eingesehen hat, dass es sich selbst niemals zu Gesicht bekommen wird. Bevor das geschehen ist, verwirklicht sich das, was Existenz-an-sich ist, immer wieder nur in Form des Konkreten und setzt das in-etwas-Gehüllte (die Verkörperung) mit sich selbst gleich: „Das bin ich!" Von überall her und immer wieder vernimmt sich dieses „Das bin ich!" selbst: Damit bestätigt sich das Sein selbst. Es bestätigt, dass es als Anwesenheit *in* der Form gegenwärtig ist und diese Form mit Anwesenheit „beseelt".

Das Unverhüllte – das, was nicht verhüllt werden *kann*! – stößt sich immer wieder und ausschließlich an der eigenen Uneinsichtigkeit, die darin liegt, sich selbst als etwas verwirklichen zu wollen, was aus sich selbst heraus nicht wirklich ist!
Natürlich kann das, was Existenz-an-sich ist, nur durch Formen auf sich selbst aufmerksam werden – an denen es zunächst hängenbleibt, ohne wirklich zu sich selbst vorzudringen. Dabei überträgt sich die Essenz – also das, was ich *bin* – auf etwas, das dadurch „dem Schein nach" zu(r) Wirklichkeit angehoben wird.
Im Prozess dieser Identifikation komme ich als Person „zu mir": Ich – Bewusstsein-an-sich / das Gewahrsein selbst – trete mir in Form von „Verkörperungen" wie Gedanken und Empfindungen gegenüber, identifiziere mich mit ihnen und werde zur Person. Auf diese Weise tritt Gewahrsein als „Selbstbewusstsein" hervor, was zur Erfahrung „meines" Lebens führt.
Dieser sich von selbst vollziehende Prozess ähnelt dem Schein des Lichts, das nicht sich selbst sondern den Gegenstand, auf den es fällt, erhellt. Auch wenn das Licht vor sich selbst im Dunkeln bleibt, kann es sich *durch* das beleuchtete Objekt schließlich selbst vergegenwärtigen. Das Gewahrsein wird durch die Reflexion des ausgesendeten Lichts auf sich selbst aufmerksam. Damit findet es über die Ebene der Objekte hinaus und zu sich zurück. Diese Vergegenwärtigung durchdringt die befreite Seele und bricht als Gesang der Freiheit in Form der Avadhuta Gita aus sich selbst heraus.

WWW.NOUMENON-VERLAG.DE